EDUCACIÓN PROSOCIAL DE LAS EMOCIONL, VALORES Y ACTITUDES POSITIVAS

PARA ADOLESCENTES EN ENTORNOS FAMILIARES Y ESCOLARES

EDUCACIÓN PROSOCIAL DE LAS EMOCIONES, VALORES Y ACTITUDES POSITIVAS

PARA ADOLESCENTES EN ENTORNOS FAMILIARES Y ESCOLARES

ROBERT ROCHE - NEUS SOL

BLUME

BLUME

Diseño de la cubierta:
Escletxa

Coordinación de la edición en lengua española:
Cristina Rodríguez Fischer

Primera edición en lengua española 1998

© 1998 Art Blume, S.L.
Av. Mare de Déu de Lorda, 20
08034 Barcelona
Tel. 93 205 40 00 Fax 93 205 14 41
E-mail: info@blume.net

I.S.B.N.: 84-89396-18-3
Depósito legal: B. 33.237-1998
Impreso en Romanyà Valls, Capellades

CONSULTE EL CATÁLOGO DE PUBLICACIONES *ON-LINE*
INTERNET: HTTP://WWW.BLUME.NET

AGRADECIMIENTOS

Desde los inicios de nuestra experiencia en 1982, especialistas diversos han colaborado en la
realización de esta experiencia de investigación e intervención sobre la prosocialidad.

Unos han intervenido en la coordinación de programas aplicativos en escuelas en concreto, otros
en el diseño, aplicación o adaptación de una actividad o en la aplicación o ejecución en el aula
de elementos parciales de un factor del modelo.

A todos ellos agradecemos esa participación y colaboración, que ha permitido avanzar en la
consolidación de un programa como el que aquí se presenta.

Mencionamos especialmente a Ángel Carreras y Eva Tomico por su entusiasta participación como
coordinadores y asesores en la aplicación del Pla d'Aplicació de la Prosocialitat a l'Educació en
varias escuelas públicas de Cataluña.

Entre aquellos colaboradores que han diseñado o aplicado algunas actividades en sus centros
escolares, destacamos por orden de su participación en el presente programa:

Victoria Villatoro. Silvia Mir. Ángel Alsina Pastells. M. Rosa Alcudia Casellas. M. Teresa Pérez
Murcia. José A. Carreira, Luis M. Rojas, Lourdes Miralles y Anna Sanchís. Roser Font Pi. José Luis
Zaragozá y Jacinto Ferrer. Trini García. Rosa Torra. Asunción Calderón. Salvador de Castro y Josep
M. García Balda. Neus Llorca Altirriba. Montserrat Oliveras Vendrell. José Francisco Simón
Guijarro. Montserrat Pi. Andrés Gómez Bellido.

Contenido

PRIMERA PARTE

EMOCIONES, VALORES Y ACTITUDES POSITIVAS

Compete a los profesionales de la educación aprovechar la posibilidad de ampliación del tiempo en la relación con los alumnos para incidir y profundizar en su educación integral, incluyendo contenidos que en épocas anteriores, quizá, debido a la priorización de otros contenidos aparentemente más instrumentales en espacios limitados de tiempo, no figuraban en el currículum.

Un libro reciente de Goleman (1996) ha puesto de relieve y ha lanzado con fuerza la idea de la importancia de la inteligencia emocional o, como nosotros preferimos, de la emoción inteligente.

La abundante bibliografía comentada por este autor como apoyo de la teoría que defiende una educación de los sentimientos y emociones en el sentido de identificar y autocontrolar los mismos en aras no sólo de la prevención de la violencia social, sino como garantía de salud mental de las personas, viene a coincidir con el trabajo de nuestro equipo desde el año 1982, para la elaboración de programas orientados a este tipo de educación.

Por aquellas fechas, tuvimos ocasión de iniciar nuestros primeros contactos e intercambios con el Child Development Project de California (citado como modelo por Goleman en su libro) que dieron arranque, empuje y apoyo evaluativo al programa que presentamos en este libro.

La contundencia que expresa el libro de Goleman apoya directamente una educación centrada en la autoconsciencia, la asertividad y empatía de los alumnos e indirectamente se refiere a valores y actitudes, como corresponde quizás a una cultura americana más sensible al pragmatismo de las conductas.

A este respecto, el programa que aquí presentamos, aun trabajando de modo muy preciso la educación de la emoción inteligente, se orienta a la consideración de los valores y explícitamente de las actitudes y conductas prosociales, que, entendemos, dan un significado plenamente humanístico a la tradición educativa europea.

Son frecuentes las quejas continuadas de la falta de valores en nuestra sociedad y cómo esto está afectando a nuestros jóvenes.

La escuela siempre ha tratado de dar respuesta a esta demanda pero, generalmente, tenía pocos espacios específicos para su aplicación pues se entendía que, en sí misma, la actividad educativa, aun en los contenidos instrumentales o de instrucción, debían «respirar» esta educación a los valores. Siendo esto lógico y necesario, los autores entendemos que para que ciertos contenidos se transmitan es necesaria también una focalización precisa y específica, todo lo cual facilite una selección perceptiva y además se dote a estos contenidos del suficiente prestigio «social» no sólo fuera sino dentro de las aulas.

Aquí cabría una pregunta o interpelación quizá provocativa: aun cuando sea cierto que los adultos, la sociedad, reclamamos una educación fundamental en y para los valores, ¿le otorgamos la suficiente consideración o importancia como para que figuren al mismo nivel que otros contenidos o materias como las instrumentales o instruccionales? ¿La administración educativa está dispuesta en sus prioridades a apostar por ello y dotar las provisiones necesarias para facilitar esas prioridades educativas, más allá de afirmaciones verbales y discursivas?

No proponemos una ideologización del perfil educativo del alumno. Estamos sí, claramente, en la línea de apuntar a unos pocos valores fundamentales y de aceptación universal que tengan una referencia ética pero orientada decididamente a su aplicación en la vida, en las relaciones con los demás y que, en esa experiencia, los sujetos, niños, maestros, padres, personal no docente, etc., descubran lo realmente instrumentales y eficaces que resultan para las relaciones interpersonales, para la convivencia social y lo que es más nuevo, para su autorrealización personal y profesional como está empezando a demostrar la ciencia que, incluso, nos propone metodologías para su optimización y para su evaluación, cosa fundamental en todo quehacer sistemático.

Es también un camino a una mayor solidaridad humana auténtica a condición de que dotemos a los alumnos de unos códigos de conductas que puedan ser aplicados, ejercitados y, sobre todo, vividos ya en las habituales interacciones interpersonales de manera sincera y coherente.

En un mundo donde los medios de comunicación y la cibernética, por un lado, y las migraciones y viajes, por otro, nos amplían la cosmovisión y hacen confluir diversas ideologías, será necesario, cada vez más, educar para el consenso. Y, para ello, habrá que ponerse de acuerdo respecto a los valores comunes, universales, a proponer, a enseñar, de modo que puedan constituir principios de una ética para todo el comportamiento humano capaces de proporcionar significado a todas las relaciones interpersonales y sociales así como facilitar su regulación.

Un primer valor que se propone es la consideración y atención para con la *dignidad de la persona*, que consiste en respetarla pero también en un progresivo descubrimiento y profundización de la misma para una aplicación continuada en la vida de cada día.

Para conseguir esto y traducirlo en la relacionalidad, hará falta incidir en la *comunicación* y *diálogo de calidad*.

Otro valor que se propone para una educación integral de la persona y que, recientemente, presenta gran interés para los especialistas, por los beneficios que reporta a todos los integrantes de una relación, es la *prosocialidad,* que supone básicamente la heteroestima o estima por la otra persona.

Los comportamientos prosociales están hoy considerados como la mejor estrategia para prevenir y afrontar la creciente expresión de la agresividad y la violencia social. Pero no sólo esto: constituyen también para los autores un verdadero protector y optimizador de la salud mental.

Estos tres elementos son los ejes estructurantes del presente libro, en el que se propone responder a algunos de los retos más importantes con que el profesorado se enfrenta en su intento cotidiano de integrar, para el desarrollo armónico del alumno, la formación humana con la instrucción instrumental de habilidades tanto en la dimensión social relacional como en la orientada al logro y la eficacia que exige nuestra sociedad.

Por lo tanto, bajo los contenidos y la metodología de los distintos capítulos, laten constantemente estos interrogantes a los que se ofrecerán propuestas concretas de afrontamiento:

¿Puede el maestro, la escuela, confiar en sus posibilidades para producir cambios positivos no sólo en su ámbito, sino en la familia, la calle y en la sociedad?

¿La violencia, la agresividad que hoy aparecen más explícitas en nuestra sociedad y que empiezan por asomar ya en nuestros contextos educativos, podrían ser autocontroladas, transformadas y sustituidas incluso por comportamientos positivos?

¿Cómo modificar actitudes y comportamientos negativos en general?

¿Los comportamientos altruistas y prosociales tienen realmente un potencial educativo con beneficios no sólo para los receptores de los mismos sino para la convivencia social e incluso para la salud mental del sujeto autor?

¿Podemos los profesores plantearnos seriamente cambios prosociales en la interacción personal e institucional en los contextos de claustro y de escuela?

Así, nuestros objetivos, a partir del material de este libro, son:

— Presentar un programa para la optimización de las actitudes y comportamientos prosociales en el marco educativo.
— Presentar las variables que han de informar toda la tarea educativa, especialmente aquéllas que inciden en la mejora de la autoestima y aquéllas que abordan la prevención de la violencia.
— Proporcionar materiales para la educación de las emociones, identificando los sentimientos propios de los demás, controlándolos y expresándolos.
— Trabajar vías de formación educativa que asumen, la televisión vista por los alumnos, como contenidos sobre los que elaborar un estilo activo de descondicionamiento crítico prosocial.
— Acompañar la motivación humanista original de los profesores hacia una optimización realista en la transformación educativa y social.
— Proponer acciones educativas concretas que incidan en el ambiente familiar y de amistad de los alumnos, recuperando así para el profesor un rol realista de progresiva transformación del «más allás del aula».
— Facilitar instrumentos para una progresiva evaluación sistemática de los resultados en la optimización.

Para responder a estos retos, esta obra trata de proporcionar estrategias concretas de aplicación immediata a partir del modelo UNIPRO que, trabajando los tres valores presentados antes, se orientan y polarizan en uno de ellos, la *prosocialidad*, y cuyo método se configura en 15 variables: cinco dirigidas a los profesores y diez que rigen las sesiones y clases específicas con los alumnos, en la creación de las actividades a desarrollar.

Este modelo surge de una obra anterior donde se argumentaban básicamente los aspectos teóricos del programa (Roche, 1995) surgidos a partir de los resultados positivos de las primeras investigaciones en nuestro entorno cultural y aplicaciones con formato definitivo en el «Pla per a l'Aplicació de la Prosocialitat a Escoles de Catalunya» (PAPEC, Roche, García, 1985, 1986).

Todo ello ha permitido elaborar el modelo teórico (UNIPRO) para la optimización de la prosocialidad que posteriormente ha permitido avanzar en el diseño de programas para la aplicación de la prosocialidad en la educación, concretamente orientados a la optimización de las actitudes y comportamientos de generosidad, ayuda, cooperación, solidaridad, amistad y unidad.

Las aplicaciones realizadas y en curso en escuelas han superado los dos centenares en una buena parte de las comarcas de Cataluña. Asimismo lo son las conferencias, charlas y seminarios para la sensibilización y entrenamiento de los educadores que aplican el programa. Esto constituye una novedad que se ha calificado de pionera en nuestro país, por haberse emprendido en todos los niveles de parvulario y educación primaria conjuntamente.

En España se ha presentado en diversas comunidades autónomas.

Numerosos grupos de docentes de diversas regiones de Italia siguen el presente modelo. Entre los diversos países europeos con los que se mantienen contactos cabe mencionar especialmente la actual Eslovaquia, en donde su Ministerio de la Educación escogió esta orientación para estructurar su nueva disciplina sobre ética, considerando que este modelo podía facilitar un punto de encuentro para educadores de orientaciones ideológicas diversas.

En el presente volumen se presenta un módulo estándar de programa que recoge y selecciona una cierta estructuración de las sesiones y actividades. Se trataría, pues, de una propuesta de un segundo nivel de concreción. Asimismo, se incluyen las fichas técnicas correspondientes que se han elaborado para la implementación y que constituirán una propuesta del tercer nivel de concreción a disposición de los profesores.

Éstas harían referencia a los instrumentos que tiene y que ha de utilizar el docente para una buena aplicación del programa.

Este compendio de actividades ha sido posible gracias a las colaboraciones y aportaciones que han ido haciendo diversos colaboradores y profesores que lo han aplicado en sus respectivos centros educativos.

No obstante, estas fichas y actividades que surgen de una aplicación en la educación formal pueden transferirse a otros contextos como la familia, el deporte, el ocio o asociaciones juveniles.

Los
COMPORTAMIENTOS PROSOCIALES

Como definición de los comportamientos prosociales se parte de la siguiente: Aquellos comportamientos que, sin la búsqueda de recompensas externas, favorecen a otras personas, grupos o metas sociales y aumentan la probabilidad de generar una reciprocidad positiva, de calidad y solidaria en las relaciones interpersonales o sociales consecuentes, salvaguardando la identidad, creatividad e iniciativa de las personas o grupos implicados (Roche, 1991).

Categorías y ventajas.

A partir de las categorías iniciales de Strayer, Wareing-Rushton (1979) y Zahn-Waxler, Radke-Yarrow, King (1979), proponemos las que siguen, correspondientes a una elaboración más amplia y precisa, acorde con nuestra definición (Roche, 1991):

1. **Ayuda física.** Una conducta no verbal que procura asistencia física a otras personas para cumplir un determinado objetivo, y que cuenta con la aprobación de las mismas.
2. **Servicio físico.** Una conducta que elimina la necesidad a los receptores de la acción de intervenir físicamente en el cumplimiento de una tarea o cometido, y que concluye con la aprobación o satisfacción de éstos.
3. **Dar y compartir.** Dar objetos, ideas, experiencias vitales, alimentos o posesiones a otros.
4. **Ayuda verbal.** Una explicación o instrucción verbal que es útil y deseable para otras personas o grupos en la consecución de un objetivo.
5. **Consuelo verbal.** Expresiones verbales para reducir la tristeza de personas apenadas o en apuros y aumentar su ánimo.
6. **Confirmación y valoración positiva del otro.** Expresiones verbales para confirmar el valor de otras personas o aumentar la autoestima de las mismas, incluso ante terceros (interpretar positivamente conductas de otros, disculpar, interceder, mediante palabras de simpatía, alabanza o elogio).
7. **Escucha profunda.** Conductas metaverbales y actitudes, en una conversación, que expresan acogida paciente pero activamente interesada en los contenidos y objetivos del interlocutor.
8. **Empatía.** Conductas verbales que, partiendo de un vaciado voluntario de contenidos propios, expresan comprensión cognitiva de los pensamientos del interlocutor o emoción de experimentar sentimientos similares a los de éste.

9. **Solidaridad.** Conductas físicas o verbales que expresan aceptación voluntaria de compartir las consecuencias, especialmente penosas, de la condición, estatus, situación o fortuna desgraciadas de otras personas.

10. **Presencia positiva y unidad.** Presencia personal que expresa actitudes de proximidad psicológica, atención, escucha profunda, empatía, disponibilidad para el servicio, la ayuda y la solidaridad para con otras personas y que contribuye al clima psicológico de bienestar, paz, concordia, reciprocidad y unidad en un grupo o reunión de dos o más personas.

Cuando nos introducimos específicamente en la prosocialidad, hemos de definirla como algo más que la pura cooperación en la que se da puntualmente una distribución tanto de beneficios como de costes. En efecto, la prosocialidad en sentido estricto requiere la ausencia de recompensas exteriores anticipadas o simplemente previstas.

Entre los resultados de la conducta prosocial en las relaciones interpersonales se encuentran los siguientes efectos caracterizadores:

— Previene e incluso extingue los antagonismos y violencias, al ser incompatibles con ellos.

— Promueve la reciprocidad positiva de calidad y solidaria en las relaciones interpersonales y de grupo.

— Supone la valoración y atribución positivas interpersonales.

— Incrementa la autoestima y la identidad de las personas o grupos implicados.

— Alimenta la empatía interpersonal y social.

— Aumenta la flexibilidad y evita el dogmatismo, gracias a la actitud empática.

— Estimula las actitudes y habilidades para la comunicación, mejorando su calidad.

— Aumenta la sensibilidad respecto a la complejidad del otro y del grupo.

— Dota de salud mental a la persona egocéntrica.

— Probablemente mejora la percepción en las personas con tendencias pesimistas.

— Estimula la creatividad y la iniciativa.

— Modera las tendencias dependientes.

— Refuerza el autocontrol ante el afán de dominio sobre los demás.

Todos estos efectos ven aumentada su eficacia debido a que, por su naturaleza intrínseca, al igual que algunas otras conductas positivas relacionales, las acciones prosociales tienden a hacerse recíprocas con resultados multiplicadores en las diversas interacciones.

ÁMBITOS Y CONTEXTOS EDUCATIVOS

LOS INVENTARIOS DE COMPORTAMIENTOS PROSOCIALES

La aplicación del modelo UNIPRO, desde 1982, ha proporcionado, lógicamente, informaciones muy útiles para la adecuación teórica y práctica. Uno de los avances, entendemos, lo ha supuesto la constatación de que los comportamientos prosociales son controlados o facilitados no solamente por hábitos, actitudes, estados disposicionales o rasgos de personalidad, sino por los contextos en donde se vive o se actúa.

Así, por ejemplo, los comportamientos prosociales que un chico puede realizar en una clase (donde está sujeto a una posición, orden, reglas, etc.) no son los mismos que los que puede activar en el patio o en un campamento de verano.

Por otra parte, los agentes educadores, en continuada relación con los chicos, pueden prever qué tipos de comportamientos prosociales serían posibles o podrían estar previstos en un contexto determinado. Esa previsión es muy importante desde el punto de vista de las posibilidades de optimización del programa, puesto que pueden facilitar las expectativas de ocurrencia de tales comportamientos deseados.

Así pues, a continuación se ofrecen unos *inventarios o repertorios de comportamientos prosociales* más frecuentes o posibles en distintos contextos muy próximos al escolar. Una ventaja adicional es que el profesor puede seleccionar algunos de ellos en concreto, como objetivo o meta a conseguir a lo largo de un curso, por ejemplo.

Dentro de la línea de funcionalidad del programa, estos inventarios aplicables fuera del contexto escolar, como pueden ser campamentos de verano y clubes deportivos, se caracterizan por ser contextos integrales para la educación no formal de la persona.

Con ello también queremos dar soporte a la idea de que las disciplinas escolares como educación física, los viajes, salidas, excursiones... son ideales para la educación integral de la persona y, concretamente, para la optimización de la prosocialidad.

Nuestra pretensión es que un inventario como éste pueda servir a los profesores en particular y a los educadores en general como paradigma que permita explorar otras posibilidades de trasladar su contenido a otros contextos y situaciones.

Los inventarios son básicamente de carácter observacional sobre conductas espontáneas producidas por los sujetos tanto en situaciones normales como en situaciones provocadas para el caso.

Los ítems que componen estos inventarios proceden de una selección progresiva a partir de la pasación y entrevista a profesores, maestros y alumnos de las edades correspondientes, que han respondido, primero, a sugerir comportamientos representativos de cada categoría (*véase* capítulo anterior) y después a la valoración del grado de representatividad de las listas finales obtenidas.

Incluimos:

1 Inventario de comportamientos prosociales en el contexto escolar. (Roche, R.; Blesa, C. E.; Mirete, R.; Palomar, M., 1993)

Consiste en una lista de los comportamientos prosociales más frecuentes o posibles en un contexto espacial y temporal vinculado a la clase, al patio o recinto escolar y a la edad de los alumnos.

2 Inventario de comportamientos prosociales en un campamento de verano. (Roche, R.; Buquera, M.; Falqués, M., 1996)

Responden a la necesidad de adaptarse a un ambiente diferente con unas condiciones de convivencia distintas de las habituales que pueden hacer surgir unos comportamientos prosociales, muy necesarios para una mejor superación y adaptación a los cambios de su entorno. Se trata de un ámbito educativo menos formal y muy integral de la vida del alumno.

3 Inventario de comportamientos prosociales en el ámbito deportivo: club de baloncesto. (Roche, R.; Cullell, I.; Ferrer, C., 1995)

Pretende abarcar un contexto de educación no formal que, a diferencia del anterior, transcurre en un espacio temporal continuado a lo largo del curso.

1. AYUDA FÍSICA:

1.1 Ayudar a recoger los materiales usados en clase.

1.2 Ayudar a realizar un trabajo manual a alguien con dificultades.

1.3 Ayudar puntualmente a un chico con alguna disminución.

1.4 Ayudar a colocar un mural o encontrar un libro.

1.5 Ayudar a alguien a llevar cosas.

1.6 Ayudar a coger objetos del suelo.

1.7 Ayudar a ordenar la clase.

1.8 Ayudar a un compañero a ordenar su cartera o cajón.

1.9 Ayudar a que alguien evite una situación peligrosa, como caerse de la silla.

1.10 Ayudar a alguien con problemas físicos tales como un brazo o una pierna rotos, un parche en el ojo... a realizar una tarea en la que tiene dificultades.

1.11 Acompañar a una persona herida a casa o a la enfermería.

1.12 Ayudar a alguien a hacer un ejercicio de gimnasia.

1.13 Acompañar a un compañero nuevo en la escuela.

2. SERVICIO FÍSICO:

2.1 Aceptar de buen grado las tareas asignadas.

2.2 Ordenar la clase, incluso sin tener que recibir la orden expresa.

2.3 Dejar los enseres ordenados para facilitar la tarea del personal de la limpieza.

2.4 Organizar fiestas y actividades.

2.5 Abotonar la bata de un compañero, cerrar su cartera...

2.6 Entregar o devolver los deberes a un compañero que ha faltado a clase.

2.7 Llevar materiales que pertenezcan a la clase de un sitio a otro.

2.8 Sustituir a alguien en una reunión o actividad.

2.9 Abrirle la puerta a alguien que lleva las manos ocupadas.

2.10 Cambiarle el sitio a un compañero para facilitarle la visión de la pizarra o la televisión.

2.11 Servir en el comedor escolar sin haber recibido la orden expresa.

2.12 Recoger objetos que están en el suelo.

2.13 Dejar limpios el retrete, la pica de lavarse las manos y la ducha tras haberlos usado.

3. COMPARTIR:

3.1 Proporcionar los datos de una observación a un compañero.

3.2 Compartir con los demás alguna experiencia cotidiana enriquecedora.

3.3 Prestar los materiales de trabajo personales: la libreta, el bolígrafo, el lápiz, la goma...

3.4 Dejar sus juegos u otros objetos personales a los compañeros de clase.

17

3.5 Compartir un balón u otros juegos con los demás.

3.6 Trabajar en grupo.

3.7 Compartir y dar comida.

3.8 Permitir que un compañero copie sus apuntes cuando esto esté permitido.

3.9 Invitar sin exclusiones cuando se celebre un cumpleaños.

3.10 Regalar un pequeño obsequio a un compañero de clase o profesor que deje la escuela.

3.11 Hacer sentir a sus compañeros que pueden coger sus cosas con total confianza.

4. AYUDA VERBAL:

4.1 Repetir la instrucción de un profesor a un compañero de clase.

4.2 Explicar a los demás las reglas de los juegos, siempre que no las acaben de entender.

4.3 Explicar a los estudiantes más jóvenes aquellas experiencias y actividades que les pueden ser útiles.

4.4 Ayudar a poner la agenda al día.

4.5 Explicar a alguien cómo y dónde puede encontrar una información.

4.6 Explicar a los demás una estrategia para resolver un problema.

4.7 Aportar experiencias personales para solucionar un conflicto.

4.8 Exponer las ideas y opiniones en los trabajos en grupo.

4.9 Contar a los demás los acuerdos alcanzados en una reunión de estudiantes.

4.10 Poner al corriente de los trabajos realizados a alguien que ha estado ausente.

4.11 Ayudar a reconocer los errores propios.

4.12 Participar activamente en las reuniones, expresando las ideas y opiniones.

4.13 Ayudar a un compañero de clase a encontrar la solución a una dificultad: idea para un estudio, un dibujo...

5. CONSUELO VERBAL:

5.1 Hablar a alguien que está triste dándole consuelo tanto tiempo como sea necesario.

5.2 Interesarse por las emociones de los demás: miedo, tristeza, etc.

5.3 Animar a un compañero de clase que ha recibido una mala nota por su trabajo.

5.4 Ayudar a calmarse a un compañero de clase que haya perdido el control.

5.5 Contar chistes o historias divertidas a alguien que esté atravesando un momento difícil.

5.6 Ayudar a un compañero a superar su miedo cuando lo están atendiendo en la enfermería.

5.7 Levantar el ánimo de un compañero de clase que se ha hecho daño mientras jugaba.

5.8 Quitarle importancia a la causa de una discusión cuando sea posible.

5.9 Animar a alguien que ha recibido una riña del profesor.

5.10 Levantar el ánimo de dos amigos que se han peleado.

6. Confirmación y valoración positiva del otro:

6.1 Animar a alguien a expresar sus ideas.

6.2 Valorar positivamente el trabajo de los demás.

6.3 Disculpar el comportamiento de un compañero en una situación concreta.

6.4 Tener en cuenta y apoyar las ideas de los demás.

6.5 Interceder por un compañero castigado.

6.6 Valorar las actitudes positivas de los compañeros.

6.7 Hablar bien de un compañero a un tercero.

6.8 Animar a actuar de forma positiva.

6.9 Felicitar a alguien que ha ayudado a un compañero.

6.10 Dar las gracias a los demás por alguna cooperación.

6.11 Valorar positivamente los rasgos físicos.

6.12 Animar a alguien que pasa por dificultades.

6.13 Defender los aspectos positivos de profesores y compañeros en conversaciones.

6.14 Llevarle la contraria a un compañero de clase que siempre se está infravalorando.

7. Escucha profunda:

7.1 Asentir con la cabeza para demostrar atención y comprensión.

7.2 Callarse mientras alguien habla.

7.3 Dejar aquello que se está haciendo con el fin de escuchar a alguien que habla.

7.4 Mirarle a los ojos a alguien mientras habla.

7.5 No manifestar impaciencia para que alguien acabe de hablar.

7.6 No desviar el tema de conversación.

7.7 Escuchar a los compañeros de clase y los profesores cuando expliquen cómo realizar una tarea.

7.8 Propiciar la reconciliación de dos compañeros que se han peleado, ayudándoles a escucharse mutuamente.

7.9 Escuchar los motivos de la tristeza de un compañero de clase.

7.10 Mostrar interés cuando alguien habla.

8. Empatía:

8.1 Alegrarse de la felicidad ajena.

8.2 Compartir la tristeza ajena.

8.3 Decirle a alguien que se comparten sus opiniones.

8.4 Ponerse en la piel de otro que atraviesa una situación difícil.

8.5 Hacer saber a alguien que se comparten sus sentimientos.

8.6 Responder a las preguntas del profesor con interés.

8.7 Hacer gestos que demuestren satisfacción por lo que se dice (con una sonrisa, etc.).

8.8 Mostrarse afectuoso con un compañero triste.

9. Solidaridad:

9.1   Compartir voluntariamente las consecuencias de un castigo.

9.2   Renunciar a una actividad divertida por atender a alguien que tiene un problema.

9.3   Acercarse y sentarse al lado de un compañero marginado y ayudarlo.

9.4   Participar de forma activa en campañas solidarias: recogidas de alimentos, ropa, etc.

9.5   Expresar verbalmente la solidaridad con las víctimas del racismo y la discriminación racial.

9.6   Interesarse por la salud de un compañero o un profesor enfermo.

9.7   Ayudar a alguien que ha perdido un amigo.

9.8   Permanecer unido al grupo incluso en los momentos difíciles.

9.9   Tomar partido por alguien a quien se ha pegado.

9.10   Comportarse de forma adecuada con todos, independientemente de su sexo o raza.

9.11   Acompañar a alguien que está solo o enfermo.

9.12   Guardar un secreto.

10. Presencia positiva y unidad:

10.1   Estar disponible cuando un compañero lo necesita.

10.2   Aceptar con agrado la compañía de los demás especialmente la de los que generalmente están marginados del grupo.

10.3   Dedicar su tiempo a ayudar a un compañero a resolver un problema personal.

10.4   Hacer que todos participen en las actividades en grupo sin que ninguno se exceda.

10.5   Fomentar la amistad.

10.6   Poner paz en las discusiones.

10.7   Escuchar la opinión de los demás.

10.8   Actuar como mediador en los conflictos dentro de un grupo.

10.9   Hacer todo lo posible para que la gente se sienta a gusto dentro del grupo.

10.10   Contribuir a la creación de un clima de armonía dentro del grupo.

1. AYUDA FÍSICA:

1.1 Anticiparse cuando se tiene que ayudar en las tareas colectivas de montar y desmontar el campamento.

1.2 Ayudar a los compañeros que se cansan más andando. Esta ayuda puede ir desde llevarles parte del material, dándoles la mano en los pasajes más difíciles de la excursión hasta seguir su paso.

2. SERVICIO FÍSICO:

2.1 Sustituir en los turnos de cocina (lavar la vajilla y la cacharrería) a un compañero que no se encuentra bien o está enfermo.

2.2 Entre los monitores, encargarse de la realización de algunas tareas que correspondan a otro monitor cuando éste está cansado.

3. COMPARTIR:

3.1 Compartir en las excursiones la comida aun cuando ésta sea escasa.

3.2 Compartir el material del que uno dispone, como por ejemplo la linterna, la cantimplora, etc.

3.3 Desde los monitores, fomentar que todo sea de todos y minimizar el carácter privado de los bienes materiales.

3.4 Compartir los logros desde una perspectiva de grupo, por ejemplo, llegar a la cima, vencer dificultades... y no como un éxito personal o simplemente de unos pocos. Remarcar el valor de hacer las actividades entre todos, compartidas.

3.5 Pedir una cosa sólo cuando ésta sea necesaria, ya que si no se puede privar a una persona que realmente la necesite.

3.6 Compartir el material de los talleres, teniendo siempre presente que tiene que haber para todos.

3.7 Compartir el espacio disponible para dormir tanto en la tienda como en los refugios.

3.8 Respetar la distribución de las tareas. Cumplir los turnos de cocina y de limpieza sin quejarse. No rehuir las tareas.

4. AYUDA VERBAL:

4.1 Volver a explicar las instrucciones de un juego a otro compañero que no las haya entendido.

4.2 A los monitores nuevos, atenderles y explicarles cómo funcionan las actividades a lo largo del campamento, cuáles son las rutinas que se llevan a cabo, para que se puedan incorporar lo más rápido posible a la dinámica del campamento.

4.3 Desde los monitores, aconsejar cómo organizarse en la tienda, qué llevarse a las excursiones, cómo distribuirse la ropa. Es decir, dar algunas orientaciones que sirvan de directrices básicas sobre cuál es la mejor manera de hacer las cosas en cada momento.

5. CONSUELO VERBAL:

5.1 Consolar a un compañero que se haya hecho daño o haya pasado por una situación desagradable, como por ejemplo perderse en el bosque, pasarlo mal en la marcha nocturna, haber perdido alguna cosa...

5.2 Cuando un compañero se añora, distraerle haciéndole una valoración positiva de lo que está superando e intentar restar importancia a sus pensamientos.

5.3 Compartir las victorias de los juegos con los perdedores, valorando positivamente la actuación de éstos (diciéndoles que han jugado bien) con una expresión amigable.

6. CONFIRMACIÓN Y VALORACIÓN POSITIVA DEL OTRO:

6.1 Saber reconocer y celebrar la victoria del equipo contrario.

6.2 Reconocer las virtudes del otro y manifestarlas abiertamente.

6.3 Animar a los compañeros que no se atreven a probar actividades nuevas por miedo a no ser capaces de tener éxito, por ejemplo no querer jugar a algún deporte por verse poco hábil.

6.4 Desde los monitores, convencer a los chicos de que son capaces de hacer las cosas, atribuyéndoles ciertas capacidades en las que ellos se infravaloren.

6.5 Saberse disculpar y reconocer los errores cuando se ha podido herir a otro con palabras o actos.

6.6 Desde los monitores, elogiar las conductas de prosocialidad, especialmente a los chicos que se enfrentan a la mayoría para apoyar a los más marginados.

6.7 No ridiculizar nunca a quien haya hecho algo mal, procurando siempre buscar el lado positivo. Evitar comentar los defectos.

6.8 En los campamentos se realiza una actividad llamada *consejo de roca* que consiste en expresar los atributos que gustan y los que no gustan de los compañeros. En esta actividad, fomentar desde los monitores la expresión de valoraciones positivas de los demás que muchas veces no se dicen en detrimento de comentar los defectos.

6.9 A la hora de tomar decisiones, tener en cuenta las aportaciones de todos.

6.10 Valorar positivamente las propuestas de actividades de los monitores, mostrando una actitud favorable ya antes de iniciar la actividad.

7. ESCUCHA PROFUNDA:

7.1 Entre los monitores, estar siempre dispuestos a escuchar a aquel que lo necesite, aunque se esté cansado. Procurar que cuando alguien se acerque siempre sea atendido.

7.2 Escuchar siempre las propuestas de todos a la hora de tomar decisiones.

8. EMPATÍA:

8.1 Cuando se gana en un juego, saberse poner en el lugar del perdedor.

8.2 No estar sólo centrado en los problemas de uno mismo: abrir los horizontes mentales y realizar el esfuerzo de interesarse en cómo se siente el otro, qué le preocupa, etc.

8.3 En las situaciones de discusión grupal espontáneas o bien en los debates creados, hacer un ejercicio de descentramiento para intentar comprender plenamente cómo ven las cosas los demás y así facilitar el llegar a un acuerdo común, o si no, asumir su perspectiva para compartir más significados.

9. SOLIDARIDAD:

9.1 Cuando alguien se encuentra en alguna dificultad, ayudar en todo lo posible y compartir los recursos, por limitados que sean, con él.

9.2 Si alguien pierde un objeto, compartir el nuestro con él.

10. PRESENCIA POSITIVA Y UNIDAD:

10.1 Participar motivado y activo en las actividades propuestas por los monitores.

10.2 Estar siempre de buen humor evitando quejarse de todo aunque se esté cansado.

10.3 Establecer relación con todos los compañeros del campamento, no únicamente con los de la misma tienda.

10.4 Facilitar la buena convivencia en la tienda mostrando siempre una actitud positiva y contribuyendo al bienestar y unidad entre los miembros.

10.5 Contribuir a crear una buena relación entre los monitores que sirva como modelo a los chicos de buena convivencia y unidad.

10.6 Hacer valoraciones positivas de las cosas cuando éstas se presenten difíciles de superar. Ser optimista.

10.7 Entre los monitores, mostrarse siempre de buen humor y con ganas de hacer actividades, aunque se esté cansado.

10.8 Participar siempre en las actividades que se organizan. Animar a los que no tienen ganas o les cuesta.

10.9 Aprender a querer la naturaleza y saberla respetar. Acabar con los comportamientos que dañen el ambiente, sensibilizando a los chicos de que no se tiene que ser agresivo ni con las personas ni con las cosas.

10.10 Aportar apoyo emocional a quien le cueste más adaptarse a las dificultades que se presentan a lo largo del campamento. Éstas pueden ser desde la añoranza, sentirse solo o no adaptarse a las incomodidades del nuevo ambiente.

1. AYUDA FÍSICA:

1.1 Ayudar a un compañero cuando se hace daño, ya sea del propio equipo o del contrario.

1.2 Intervenir positivamente cuando dos jugadores inicien comportamientos conflictivos (insultos, peleas).

1.3 Colaborar en ayudar a los compañeros a realizar ejercicios físicos que les sean difíciles durante los entrenamientos.

2. SERVICIO FÍSICO:

2.1 Dejar las dependencias de los vestuarios ordenadas pensando en los otros usuarios y en el servicio de limpieza.

2.2 Colaborar en el traslado del mobiliario e instrumentos colectivos necesarios para los entrenamientos y/o celebración de partidos.

3. COMPARTIR:

3.1 Dejar ropa deportiva, cintas de audio, de vídeo, CD a los demás compañeros.

3.2 Compartir con los compañeros hechos importantes para uno mismo.

3.3 Explicar experiencias personales a los compañeros de equipo.

3.4 Compartir con los compañeros información puntual sobre hechos del mundo deportivo.

4. AYUDA VERBAL:

4.1 Dar ideas y opiniones para la buena marcha del equipo.

4.2 Explicar tácticas y estrategias propuestas por el entrenador que no han sido bien entendidas.

4.3 Preocuparse de explicar a un compañero ausente las tácticas a utilizar en el próximo partido, la hora de salida y el nombre de los acompañantes adultos cuando se juega fuera.

5. CONSUELO VERBAL:

5.1 Dar ánimos a los compañeros cuando están jugando y/o durante las sesiones de entrenamiento.

5.2 Ayudar a tranquilizar a un compañero expulsado injustamente y en situación de pérdida de control.

5.3 Restar importancia a un mal arbitraje y/o pérdida de un partido.

5.4 Hablar con un compañero triste (por motivos familiares, de estudio) y darle apoyo el tiempo que sea necesario.

6. CONFIRMACIÓN Y VALORACIÓN POSITIVA DEL OTRO:

6.1 Valorar positivamente el esfuerzo de un compañero de equipo durante los partidos.

6.2 Agradecer la colaboración del resto del equipo.

6.3 Defender los aspectos positivos del entrenador, padres, directivos del club y compañeros en conversaciones.

6.4 Animar a expresar y valorar las ideas de los otros compañeros de equipo.

7. ESCUCHA PROFUNDA:

7.1 Estar siempre dispuesto a escuchar a un compañero cuando éste lo necesite.

7.2 Escuchar las propuestas del entrenador para la buena marcha del partido.

8. EMPATÍA:

8.1 Alegrarse cuando los compañeros han jugado bien.

8.2 Entristecerse cuando expulsan a un compañero o no es llamado a jugar en todo el partido.

8.3 Ponerse en el lugar del otro en situaciones vergonzosas.

8.4 Gesticular abiertamente demostrando satisfacción por lo que de bueno hace o dice a un compañero.

9. SOLIDARIDAD:

9.1 Dar apoyo a los compañeros rechazados y ayudarlos.

9.2 Participar en las propuestas solidarias que se hacen en el club.

9.3 Ser solidario frente a las situaciones adversas del grupo.

10. PRESENCIA POSITIVA Y UNIDAD:

10.1 Estar dispuesto a ayudar a un compañero o al entrenador o directivo del club, siempre que sea necesario.

10.2 Acercarse a un compañero que está desplazado.

10.3 Aceptar de buena gana la compañía de cualquier miembro del grupo.

10.4 Ofrecerse a acompañar a un compañero lesionado.

Desarrollo y Optimización Educativa de la Prosocialidad

El modelo UNIPRO

El modelo corresponde a una aproximación globalizadora y compleja de la conducta humana, acorde con unos planteamientos humanísticos.

Estructura:

FACTORES IPRO (I)

Denominamos en este programa ítem prosocial o «IPRO» a una acción puntual que pone en práctica uno de los cinco factores (I) del modelo en cualquier momento de la acción educativa.

El programa ofrece normas o pautas educativas que desarrollan cada uno de los cinco factores.

FACTORES UPRO (U)

Denominamos unidades prosociales o «UPROS» las actividades educativas estructuradas que se desarrollan a lo largo de un tiempo preestablecido o sesión, para promover o ejercitar un factor (U) del modelo. Estas unidades o sesiones pueden ser específicas o relacionadas.

SESIONES ESPECÍFICAS

Las sesiones específicas son aquéllas preparadas con el fin exclusivo de aplicar el programa de prosocialidad y que, habitualmente, ocupan el espacio de las clases de ética o tutoría u otras orientadas a la formación humana o a la convivencia social.

NIVELES DE INCIDENCIA

Estas sesiones específicas actúan a tres niveles:

— la sensibilización cognitiva
— el entrenamiento o ejercicio
— la aplicación a la vida real

En general, sería preferible que todas las sesiones específicas trabajaran en cada uno de estos tres niveles aunque la proporción entre ellos sea desigual, dependiendo del factor que se esté trabajando y de la edad de los alumnos. Por ejemplo, en el ciclo inicial o parvulario predominará, probablemente, el tiempo dedicado al ejercicio y a la aplicación a la experiencia real sobre la sensibilización cognitiva que se verá facilitada, precisamente, por aquéllas.

En ciclos superiores, en cambio, así como en la educación secundaria, que es el período en que nos centraremos en esta obra, será fundamental la dedicación a la sensibilización cognitiva.

SESIONES RELACIONADAS

Las sesiones relacionadas son clases en número limitado correspondientes a materias o disciplinas del ciclo en las cuales al mismo tiempo en que se imparten sus contenidos (lenguas, ciencias sociales, ciencias experimentales, literatura, matemáticas, educación física, educación visual y plástica, arte, etc.) se asumen de ellos temas e incluso experiencias y objetivos que, puntualmente, ponen en relieve algún factor U del modelo.

ACTIVIDADES EN CASA

Se refiere a aquellas actividades que tienen una repercusión directa en las familias de los alumnos, ya sea antes o después de la sesión en clase. Con ellas se pretende ensanchar al máximo el entorno educativo, mediante una implicación de éste en el programa.

Hay que tener en cuenta la complejidad inicial que podría suponer el número elevado de las variables que constituyen el mismo, pero en todo caso ha primado el poder componer una organización poliédrica con varias vías para abordar una educación integral de la persona.

FACTORES

Los factores, pues, que se relacionan a continuación constituyen los elementos del modelo teórico que están en la base de todo el programa educativo para la optimización de la prosocialidad.

Son quince: diez factores U y cinco Factores I. Estos últimos se dirigen especialmente a los educadores que los introducirán, sobre todo, en forma de pautas educativas e ítems prosociales.

FACTORES U	FACTORES I
1. Dignidad y valor de la persona. Autoestima y heteroestima. El yo. El otro. El tú. El entorno. Lo colectivo. La sociedad.	11. Aceptación y afecto expresado.
2. Actitudes y habilidades y de relación interpersonal. La escucha. La sonrisa. Los saludos. La pregunta. Dar gracias. Disculparse.	
3. Valoración positiva del comportamiento de los demás. Los elogios.	12. Atribución de la prosocialidad.
4. Creatividad e iniciativa prosociales. Resolución de problemas y tareas. Análisis prosocial de las alternativas. Toma de decisiones personales y participación en las colectivas.	
5. Comunicación. Revelación de los propios sentimientos. El trato. La conversación.	
6. Empatía interpersonal y social.	
7. La asertividad prosocial. Autocontrol y resolución de la agresividad y de la competitividad. Conflictos con los demás.	13. Disciplina inductiva.
8. Modelos prosociales reales y en la imagen.	
9. La ayuda. El servicio. El dar. El compartir. Responsabilidad y cuidado de los demás. La cooperación. Reciprocidad. La amistad.	14. Exhortación a la prosocialidad.
	15. Refuerzo de la prosocialidad.
10. Prosocialidad colectiva y compleja. La solidaridad. Afrontar dificultades sociales. La denuncia. La desobediencia civil. La no violencia.	

Aplicación
de un programa.
Tipos de sesiones

Para poder tener plena garantía de la operatividad del módulo se propone un programa estándar de distribución de las sesiones con los alumnos.

Nuestra orientación va encaminada a que se cumplan unos requisitos previos de compromiso por parte del centro escolar para poder garantizar una óptima aplicación del programa prosocial.

REQUISITOS

Duración del programa: dos años consecutivos.

Un profesor coordinador del programa para toda la escuela.

Un profesor referente para cada clase participante.

	1.er AÑO	2.º AÑO
SESIONES ESPECÍFICAS	30	30
SESIONES RELACIONADAS	30	30
ACTIVIDADES EN CASA	30	30
FIESTAS		
SALIDAS. VISITAS		
ACTOS DEPORTIVOS		
VIAJES		

Como módulo previsto se parte de la realización de una sesión de cada tipo por semana en un calendario útil de 30 semanas.

Las **sesiones específicas** serán impartidas en cualesquiera de las disciplinas siguientes: ética, civismo, religión, gimnasia, tutoría o asamblea, por el profesor encargado de estas materias (podrían ser impartidas, también, entre dos profesores de estas materias).

Las **sesiones relacionadas** serán las clases de todas las demás disciplinas, *inspiradas y preparadas desde la prosocialidad*. Por tanto, impartidas por los profesores correspondientes a cada materia. Las 30 **sesiones relacionadas** resultarán de un total de su distribución entre las demás materias (lengua o literatura propia, lengua extranjera, ciencias, plástica o arte, matemáticas, etc). Por lo tanto, cada materia impartirá entre 3 y 8 **sesiones relacionadas** anuales.

Las **actividades en casa** serán preparadas y solicitadas por el profesor referente.

Es deseable que tanto las sesiones específicas y relacionadas como las actividades en casa que corresponden a un mismo factor y objetivo se realicen dentro de un mismo período de tiempo (una o dos semanas).

Las **fiestas, salidas, viajes y actos deportivos** serán ocasiones vitales e integrales para una preparación y realización desde la prosocialidad. Se preverá optimizar prosocialmente las relaciones interpersonales con los compañeros, con personas a encontrar, además de incidir en una lectura prosocial del objetivo de la fiesta, salida, visita o acto deportivo.

Objetivos Prosociales para 30 semanas del curso escolar

Cuadro para una aplicación progresiva de los factores en las sesiones

N.º	FACTORES UPRO	OBJETIVO	SESIONES ESPECÍFICAS	SESIONES RELACIONADAS	ACTIVIDADES EN CASA
1	Presentación del programa prosocial	Justificar las ventajas de los comportamientos prosociales y motivar a los alumnos	1.1a Presentación del programa		1.1b Charla de introducción a padres y alumnos
2	Dignidad y autoestima	Derechos humanos y racismo	1.9b ¿Racistas nosotros? 1.2 En el patio del colegio	1.8 Derechos humanos	1.9a ¿Racistas nosotros?
3	Modelos	Descondiciona-miento de la televisión	8.13 La televisión, ¿nos come el coco?	8.2b Descubrir engaños	8.2a Descubrir engaños
4	Dignidad y autoestima	Dignidad de la persona en la vejez	1.14 Dignidad en la vejez	1.15 Envejecer	1.16 Hablar con los abuelos
5	Modelos	Modelos positivos en el cine y en la televisión	8.12 Análisis de la película *Forrest Gump*	8.9 Anunciar la prosocialidad	8.8 Análisis de una película
6	Habilidades y actitudes	Significado de los saludos y de la sonrisa	2.1 Por una convivencia más agradable	2.10 Costumbres de otros pueblos	2.8 Los saludos desde la familia
7	Acciones prosociales	Capacidades y habilidades prosociales propias	9.1 A vueltas con la prosocialidad 9.6 Todo lo que soy capaz de hacer y ofrecer	9.5 Redacción prosocial	9.8 Cómo mejorar tres cosas en casa
8	Habilidades y actitudes	Mejorar la escucha y el agradecer	2.3 Una cualidad no muy frecuente	2.7 Cómo y cuándo agradecemos	2.6 Miremos cómo se relacionan

N.º	FACTORES UPRO	OBJETIVO	SESIONES ESPECÍFICAS	SESIONES RELACIONADAS	ACTIVIDADES EN CASA
9	Modelos	Análisis de modelos positivos reales	8.7.a Acciones anónimas	8.3 Personajes prosociales de nuestra historia 8.4 Entrevistas a personajes prosociales	8.5 Quién trabaja al servicio de los demás
10	Valoración positiva	Difusión de la positividad	3.14 Antenas positivas	3.5.b A la caza de la noticia positiva	3.5.a A la caza de la noticia positiva
11	Acciones prosociales	Mejora de las relaciones interpersonales: amistad	9.3 De la cooperación a la amistad sólo hay un paso	9.4 Lets's read, draw, cooperate and share	9.19 El amigo invisible
12	Dignidad y autoestima	Dignidad de la persona con discapacidades	1.17a Integración, ¿sí o no?	6.8 Experimentar	1.17b Integración, ¿sí o no?
13	Acciones prosociales	En la calle y en el centro escolar	9.7 ¿Podemos colaborar más en el centro escolar?	9.2 Construye y comparte 9.12 Ayudar a aprender	
14	Habilidades y actitudes	Saber preguntar y entrevistar	2.11b Entrevistas en el telediario	2.4 Por favor, ¿puedo hacerle una pregunta?	2.11a Entrevistas en el telediario
15	Valoración positiva	Expresar elogios y evitar reproches	3.12 Vamos a elogiar	3.9 Anotar elogios	3.10 Expresar elogios
16	Creatividad	Alternativas prosociales en la resolución de conflictos	4.8 El cómo y el por qué	4.11 Ventajas del perdonar	4.4 Reporteros ocasionales
17	Valoración positiva	Vencer la envidia	3.13 Admiración o envidia	3.15 Cómo vencer la envidia	5.4 Debate de un partido de fútbol
18	Acciones prosociales y prosocialidad colectiva	En la familia	10.5 ¿Qué acciones prosociales colectivas has vivido?	10.3 Fundamentos de la convivencia	10.10 Nuestra familia, ¿es prosocial?

N.º	FACTORES UPRO	OBJETIVO	SESIONES ESPECÍFICAS	SESIONES RELACIONADAS	ACTIVIDADES EN CASA
19	Creatividad	Toma de decisiones	4.5 Tomemos decisiones	4.10 Pasos para la solución de problemas humanos	
20	Resolución de la agresividad	Análisis de la agresividad y autocontrol	7.10 ¿Sabemos qué es una agresión?	7.8 El hombre, ¿violento? 7.4 Aquel día yo...	7.2 Escenas agresivas o competitivas en las películas
21	Comunicación	Modos de expresión	5.1b Anécdotas de nuestra infancia	5.6 Representación mímica de lo que me gusta y de lo que hago	5.1a Anécdotas de nuestra infancia
22	Acciones prosociales	Sensibilidad hacia otros mundos	9.13 Por un mundo unido 10.1 Lectura de noticias del Tercer Mundo	9.20b Exposición: «De casa al mundo»	9.20a Exposición: «De casa al mundo»
23	Valoración positiva	Superar las antipatías	3.3a Vencer la antipatía	3.2 Conocer más allá de las apariencias	3.3b Vencer la antipatía
24	Resolución de la agresividad	Negociación interpersonal. Ventajas del perdonar	7.1 Cómo evitar o disminuir peleas 4.11 Ventajas del perdonar	7.5a Me molesta que...	7.5b Me molesta que...
25	Acciones prosociales	En el barrio	9.9 Todos por el barrio	9.21 Conozcamos el barrio	9.18 Fiesta de convivencia de los jóvenes y las personas más mayores
26	Empatía	Cambio de perspectiva	6.5 Identificación con un problema ajeno	6.1 Juego del «¿Cómo me sentiría si...?»	6.9 Vivencia de la empatía
27	Resolución de la agresividad	Negociación colectiva	7.6 ¿Qué hemos hecho para construir la paz mundial?	9.14a Baloncesto	9.14b Baloncesto

N.º	FACTORES UPRO	OBJETIVO	SESIONES ESPECÍFICAS	SESIONES RELACIONADAS	ACTIVIDADES EN CASA
28	**Empatía**	«Hacerse uno» con los demás	6.4 ¿Te he comprendido bien?	6.10 Cine-forum: *Gandhi*	6.6 Sesión de televisión en familia siguiendo el guión de análisis prosocial de contenidos
29	**Resolución de la agresividad**	Análisis de la competitividad	7.12 El dilema	10.8 Cooperar mejor que competir	7.2 Escenas agresivas o competitivas de las películas
30	**Acciones prosociales**	Celebrar la conclusión de acciones comunitarias	9.22a Fiesta de conclusión del programa prosocial	9.22b Fiesta de conclusión del programa prosocial	9.22c Fiesta de conclusión del programa prosocial

Autoformación
de profesores y educadores

Para llevar a cabo de la manera más óptima posible la aplicación del programa se ha diseñado un plan de intervención consistente en la formación pertinente del profesorado que va a intervenir.

Al ser éste un programa que conlleva una autoimplicación del docente, se requiere la posibilidad de intercambiar continuamente los diferentes estilos de aplicación de diversos profesores, a ser posible con el seguimiento del equipo asesor.

Esto justifica que el programa no es una mera serie de actividades a aplicar sino que todas ellas tienen un hilo conductor y aglutinador que mantiene la estructura global que proporciona significado a todo el conjunto.

La autoimplicación del docente incide profundizando en el corazón mismo de la praxis del programa, así como participando en la creación y contextualización de nuevos contenidos y actividades.

La misma aplicación del programa puede originar, también, un cambio a nivel actitudinal delante de la propia práctica docente y, concretamente, en la relación con los alumnos. Esto produce también, muy a menudo, una autoimplicación de los alumnos y de otros profesores e incluso de las familias del propio centro.

La ya mencionada formación continuada del profesorado tiene el objetivo de la sensibilización y entrenamiento de los profesores y se focalizaría en varios ámbitos:

— Conferencias y charlas puntuales.
— Seminarios y talleres, donde se trabaja en grupo de profesores de centros diversos en los cuales se ha activado un compromiso de aplicación del programa.
— Asesoramientos a centros concretos, para la contextualización del programa y el seguimiento de la aplicación.

Con el asesoramiento continuado de un equipo asesor se pretende, también, ofrecer un repertorio de pautas educativas adecuadas a cada contexto, afrontando las más diversas situaciones, incluyendo las más problemáticas, incluso entorpecedoras de la misma aplicación del programa, como de la vida escolar en general.

Proponemos la siguiente distribución horaria en la formación de los educadores para poder llevar a cabo el programa con garantías de éxito:

FORMACIÓN DE LOS PROFESORES	1.er AÑO (horas)	2.º AÑO (horas)
PRESENTACIÓN DEL MODELO UNIPRO	3	
DESCRIPCIÓN DEL MATERIAL (Contenidos teóricos, fichas de intervención, test)	3	2
FORMACIÓN DE LAS VARIABLES DE LOS EDUCADORES (IPROS)	6	3
ASESORAMIENTO CONTINUADO MENSUAL	18	10
Total horas:	30	15

El equipo formador o asesor tiene como misión:

— Presentar el modelo teórico de intervención.
— La selección, preparación, adaptación al centro de los contenidos teóricos para el maestro.
— Elaboración del test de autocontrol del proceso de formación de los maestros.
— La propia formación de los maestros in situ.
— La elaboración de las fichas específicas a aplicar.
— La elaboración y adaptación de las fichas relacionadas.
— El diseño de investigación sobre el proceso y los resultados.
— Adecuación de los instrumentos de evaluación.
— Eventual tratamiento de datos de la investigación.
— Redacción de la memoria de intervención.
— Elaboración del informe de investigación.
— Dirección y coordinación del programa.

FACTORES I (IPROS) ESPECÍFICOS DE LA ACTIVIDAD EDUCATIVA.

El profesor que trabaja en prosocialidad con sus alumnos realiza intervenciones puntuales inspiradas en los cinco factores ya citados que toman forma de:

— Expresiones verbales.
— Prescripciones.
— Exhortaciones, consejos o recomendaciones.
— Afirmaciones.
— Elogios, alabanzas.

En el programa reciben el nombre de ítems prosociales (IPROS) y las introducirán en forma de pautas educativas. (Para conocer su justificación en el modelo, véase Roche, *Psicología y Educación para la Prosocialidad,* 1995.)

ACEPTACIÓN Y AFECTO.

El programa asume la influencia positiva que la aceptación y el afecto producen en la optimización de los comportamientos prosociales.

Es esencial, pues, consolidar un clima afectivo bueno en toda intervención educativa.

«Aceptar es dar la mirada incondicionalmente amiga que nunca juzga, domina, posee o manipula al otro» (Carl Rogers).

Aceptar significa querer tal y como es, teniendo en cuenta la diferencia. Los docentes tienen que analizar todos los elementos que puedan mediatizar esa aceptación para llegar a una optimización de las relaciones tú a tú con cada uno de los alumnos.

Aplicación.

Pautas:

— Aceptación y afecto a cada alumno del aula. Tiempo personalizado.
— Estilo habitual de «confirmación del otro». Autoexamen sobre su ocurrencia. Con los alumnos. Con nuestros colegas. Con nuestra familia.
— No transmitir juicios negativos globales.
— Detectar alumnos con baja autoestima y proporcionar otras vías de incrementarla.
— Reconducción e interpretación de las intervenciones de los alumnos en clase, positivizándolas.
— Constitución de díadas o grupos de alumnos para realizar tareas que faciliten la interacción con modelos en la optimización de la autoestima.
— Solicitar cooperación a líderes o grupos para aceptar e incluir alumnos marginados.
— Participación del alumno en planes y decisiones familiares y escolares.

DISCIPLINA INDUCTIVA.

La disciplina inductiva contribuye a un autocontrol internalizado.

La emotividad expresada por el docente, cuando recrimina al alumno, provoca una alerta emocional en éste que si se centra, no en sí mismo, sino en las consecuencias del acto, la internalización podrá tener, más fácilmente, una dirección empática y prosocial.

Se trata pues de inducir una focalización de la atención sobre las consecuencias del acto. Esto provoca un descentramiento que, además de ser una actividad cognitiva, favorece la empatía, por lo que, en consecuencia, consigue enriquecer la capacidad de ver los acontecimientos desde la perspectiva ajena.

La inducción se tiene que realizar no sólo con las consecuencias negativas sino sobre todo con las positivas.

Aplicación.

Pautas:

— Abstenerse del uso de técnicas de castigo físico.
— Abstenerse del uso de técnicas de ridiculización.

Siempre que una acción negativa de un alumno tenga consecuencias indeseables para otra persona, hacer ver y sentir al autor el perjuicio a la víctima y la aflicción que siente ésta, pero evitando que esta experiencia pueda aún ser reforzante o grata para el autor. En todo caso que el autor repare, en lo posible, su acción, bien de palabra (petición de perdón) y/o de acción. Importa mucho que se produzca un desplazamiento de la atención y de la carga emotiva desde el autor al receptor o víctima (para facilitar su descentramiento del yo hacia el «otro»).

En casos en que la intención de enmienda no cristalice en mejoras en las secuencias de las interrelaciones posteriores, aplicar técnicas de supresión de beneficios o espacios de ocio o disfrute del autor, a ser posible vinculados a la necesidad de reparación.

Abstenerse de utilizar argumentos que retratan motivaciones egoístas, de pereza o negativas globalizantes respecto a la conducta de los autores de acciones perjudiciales, tratando de explicarlas por motivos más involuntarios o de imprevisión, etc.

Aplicar, cuanto más mejor, la inducción en acciones positivas, es decir, mostrar públicamente las consecuencias de las acciones de ayuda, generosidad, etc. de un alumno para con otro, y los sentimientos de alegría, tanto del receptor como del autor.

LA ATRIBUCIÓN DE LA PROSOCIALIDAD.

La capacidad de atribuir positividad es fundamental en un docente, el cual tiene que estar convencido que creer y confiar en el otro es la mejor manera de hacer surgir, crecer y educar los rasgos positivos que, en potencia, ya tienen los alumnos.

Aplicación.

Fases de la atribución de la positividad y de la prosocialidad en los alumnos:

1. El profesor cree y confía en el potencial del alumno para el rasgo que quiere implantar.
2. Expresa esta confianza.
3. Trata de observar comportamientos positivos o prosociales en el alumno, por pocos o pequeños que sean.
4. Los señala y los nombra.
5. Expresa confianza en la frecuencia de los mismos y de corresponder a un rasgo característico de ese alumno.

El profesor se tiene que caracterizar como un buen «difusor» de la positividad. Ha de poder constituir un modelo para los alumnos en tal dinámica.

Un educador prosocial eficiente nombrará y hablará menos de las acciones negativas y más de las positivas con lo cual dará mayor existencia y probabilidades de ocurrencia a estas últimas.

LA EXHORTACIÓN A LA PROSOCIALIDAD.

La exhortación a la conducta prosocial tiene una influencia muy importante si procede de un modelo prosocial significativo con el que se mantienen relaciones positivas de afecto y que ha actuado oportunamente con disciplina inductiva.

Aplicación.

Pautas:

— Oportunamente decir y nombrar las acciones que podrían hacerse ante una situación de necesidad; pueden prepararse mediante preguntas que induzcan a la observación y reflexión sobre tal necesidad y sobre qué acciones convendrían. Los alumnos pueden enumerar brevemente las que se les ocurran.

— El profesor mostrará con su acción lo que dice, en la medida de lo posible.

En ocasiones, citar públicamente algunas acciones prosociales que hayan tenido lugar en la clase o en el centro, diciendo o no los autores.

Hacer público en tablones o murales la descripción de acciones prosociales sin citar a los autores, presentada como un logro colectivo.

Concienciación de los padres sobre la importancia de examinar las valoraciones que comunican a sus hijos, tratando de aumentar las que estimulan la realización de acciones positivas, en vez de sermonear sobre las conductas «malas» realizadas.

EL REFUERZO DE LA PROSOCIALIDAD.

El refuerzo tiene un papel básico y efectivo en el comportamiento prosocial. El docente, sabiendo las conductas prosociales que se producen espontáneamente en un contexto determinado, las reforzará para su consolidación.

Aplicación.

Pautas:

— Verbalizar, a menudo, los sentimientos de alegría, de satisfacción o de contento que el profesor experimenta cuando se ha producido una acción prosocial. No es necesario que se personalice siempre sobre el autor de la acción, por lo que es positivo que se incluyan tácitamente a todos los presentes.

— Desde luego es fundamental que el profesor trate realmente de vivenciar esos sentimientos para que él mismo los perciba cada vez más auténticos y en coherencia consigo mismo.

— Alabar o elogiar frecuentemente al principio, y más raramente después, a lo largo de la aplicación del programa, a cada alumno que actúe prosocialmente.

— Una técnica a experimentar es la de enseñar a los alumnos a que experimenten algo agradable, preferentemente de carácter moral, pero también de diversión u ocio, a ser posible colectivo, cuando hayan obrado prosocialmente.

— El profesor elabora una lista de reforzadores adecuada a la edad de los alumnos y al contexto en concreto y, si fuera posible, trataría de personalizarlos según el grado de conocimiento que vaya teniendo de cada alumno.

EVALUACIÓN DEL PROGRAMA

Es muy importante que los profesores traten de seguir la aplicación del programa mediante un proceso de evaluación respecto al proceso y los resultados.

A continuación brindamos los tres tipos de cuestionarios que van a permitir un diseño pretest y postest para la específica evaluación de los cambios en la optimización de los distintos comportamientos prosociales según las categorías del modelo teórico presentado.

CUESTIONARIOS SOBRE COMPORTAMIENTOS PROSOCIALES.

Los cuestionarios, que provienen de una selección de los inventarios, van a permitir realizar una evaluación de los resultados de la aplicación del propio programa.

La aplicación del primer cuestionario se llevará a cabo por el docente.

El segundo cuestionario tiene un carácter de autoevaluación, donde cada alumno tomará consciencia de sus propias conductas.

El tercero es coevaluativo, con lo cual cada alumno desde una óptica de crítica constructiva valorará el comportamiento de sus compañeros.

CUESTIONARIO SOBRE COMPORTAMIENTO PROSOCIAL EN EL CONTEXTO ESCOLAR

(Para el docente)

Alumno/a: _____

Clase:_____

Docente: _____

Centro escolar:_____

Evaluar cada uno de los comportamientos utilizando la escala de 0 a 4.

El «0» indica que este comportamiento tiene lugar MUY RARAMENTE
El «1» ALGUNAS VECES
El «2» DIVERSAS VECES
El «3» A MENUDO
El «4» CASI SIEMPRE

Sirve para reflejar todos sus comportamientos.

	0	1	2	3	4
1.1 Ayuda a un compañero con un problema físico (un brazo o una pierna rotos, un parche en el ojo...) a realizar una tarea con la que tenga dificultades.					
1.2 Ayuda a un compañero con dificultades a realizar una actividad manual.					
1.3 Acompaña a una persona herida a casa o a la enfermería.					
1.4 Ajuda a un compañero a evitar situaciones peligrosas (caer de la silla, resbalar...).					
2.1 Deja las instalaciones del centro escolar (clase, servicios...) en orden para facilitar la limpieza a los encargados.					
2.2 Trae materiales que pertenecen a la clase de un lugar a otro.					
2.3 Lleva o devuelve los deberes a un compañero que ha faltado a clase.					
2.4 Colabora en la preparación de las actividades y de las fiestas.					
3.1 Deja sus juegos u otros objetos personales a los compañeros de clase.					
3.2 Comparte datos, informaciones y apuntes con los compañeros de clase.					
3.3 Explica a los compañeros alguna experiencia personal.					
3.4 Permite a los compañeros que utilicen su material y sus juegos.					
4.1 Explica a los otros las reglas de los juegos, cuando no las acaban de entender.					
4.2 Expone las ideas y opiniones en los trabajos en grupo.					
4.3 Informa a sus compañeros de las decisiones tomadas en la reunión de estudiantes.					
4.4 Pone al corriente de los trabajos realizados a alguien que ha estado ausente.					
5.1 Habla a alguien que está triste y lo consuela tanto tiempo como sea necesario.					
5.2 Tranquiliza a un compañero nervioso.					
5.3 Resta importancia a las causas de una discusión cuando sea posible.					
5.4 Da ánimo a un compañero.					
6.1 Valora positivamente el trabajo de los otros.					
6.2 Da las gracias a los otros por alguna cooperación.					
6.3 Defiende los aspectos positivos de profesores y compañeros en conversaciones.					

	0	1	2	3	4
6.4 Anima a los compañeros a expresar la opinión propia y valora sus ideas.					
7.1 Escucha a los compañeros de clase y a los profesores cuando explican cualquier cosa.					
7.2 Calla mientras alguien habla.					
7.3 Deja lo que está haciendo con el fin de escuchar a alguien que habla.					
7.4 Mira a los ojos a su interlocutor y no manifiesta impaciencia para que acabe de hablar.					
8.1 Se alegra de la felicidad de los otros.					
8.2 Comparte la tristeza de los otros.					
8.3 Se pone en la piel de otro que está pasando una situación difícil.					
8.4 Hace gestos que demuestran satisfacción por lo que se dice (con una sonrisa, etc.).					
9.1 Se acerca y se sienta al lado de un compañero marginado y le ayuda.					
9.2 Participa de forma activa en campañas solidarias: recogida de alimentos, ropa...					
9.3 Se comporta de forma adecuada con todos, independientemente de su sexo, raza, riqueza...					
9.4 Permanece unido al grupo hasta en los momentos difíciles.					
10.1 Fomenta la amistad.					
10.2 Actúa como mediador en los conflictos dentro del grupo.					
10.3 Hace todo lo posible para que la gente se sienta a gusto dentro del grupo.					
10.4 Contribuye a la creación de un clima de armonía dentro del grupo.					

CUESTIONARIO
SOBRE COMPORTAMIENTO PROSOCIAL
EN EL CONTEXTO ESCOLAR

(Autoevaluación)

Alumno/a: _____

Clase: _____

Docente: _____

Centro escolar: _____

Evalúa cada uno de los comportamientos utilizando la escala de 0 a 4.

El «0» indica que este comportamiento tiene lugar MUY RARAMENTE
El «1» ALGUNAS VECES
El «2» DIVERSAS VECES
El «3» A MENUDO
El «4» CASI SIEMPRE

Sirve para reflejar todos sus comportamientos.

	0	1	2	3	4
1.1 Ayudo a un compañero con un problema físico (un brazo o una pierna rotos, un parche en el ojo...) a realizar una tarea con la que tenga dificultades.					
1.2 Ayudo a un compañero con dificultades a realizar una actividad manual.					
1.3 Acompaño una persona herida a casa o a la enfermería.					
1.4 Ayudo a un compañero a evitar situaciones peligrosas (caer de la silla, resbalar...).					
2.1 Dejo las instalaciones de la escuela (clase, servicios...) en orden para facilitar la limpieza a los encargados.					
2.2 Traigo materiales que pertenecen a la clase de un lugar a otro.					
2.3 Llevo o devuelvo los deberes a un compañero que ha faltado a clase.					
2.4 Colaboro en la preparación de las actividades y de las fiestas.					
3.1 Dejo mis juegos u otros objetos personales a los compañeros de clase.					
3.2 Comparto datos, informaciones y apuntes con los compañeros de clase.					

	0	1	2	3	4
3.3 Explico a los compañeros alguna experiencia personal.					
3.4 Permito a los compañeros que utilicen mi material y mis juegos.					
4.1 Explico a los otros las reglas de los juegos, cuando no las terminan de entender.					
4.2 Expongo las ideas y opiniones en los trabajos en grupo.					
4.3 Informo a mis compañeros de las decisiones tomadas en la reunión de estudiantes.					
4.4 Pongo al día de los trabajos realizados a alguien que ha estado ausente.					
5.1 Hablo con alguien que está triste y lo consuelo tanto tiempo como sea necesario.					
5.2 Tranquilizo a un compañero nervioso.					
5.3 Resto importancia a las causas de una discusión cuando sea posible.					
5.4 Doy ánimo a un compañero.					
6.1 Valoro positivamente el trabajo de los otros.					
6.2 Doy las gracias a los otros por alguna cooperación.					
6.3 Defiendo los aspectos positivos de profesores y compañeros en conversaciones.					
6.4 Animo a los compañeros a expresar la opinión propia y valoro sus ideas.					
7.1 Escucho a los compañeros de clase y a los profesores cuando explican cualquier cosa.					
7.2 Callo mientras alguien habla.					
7.3 Dejo lo que estoy haciendo con el fin de escuchar a alguien que habla.					
7.4 Miro a los ojos de mi interlocutor y no manifiesto impaciencia para que acabe de hablar.					
8.1 Me alegro de la felicidad de los otros.					
8.2 Comparto la tristeza de los otros.					
8.3 Me pongo en la piel de otro que está pasando una situación difícil.					
8.4 Hago gestos que demuestren satisfacción por lo que se dice (con una sonrisa, etc.).					
9.1 Me acerco y me siento al lado de un compañero marginado y le ayudo.					
9.2 Participo de forma activa en campañas solidarias: recogida de alimentos, ropa...					
9.3 Me comporto de forma adecuada con todos, independientemente de su sexo, raza, riqueza...					
9.4 Permanezco unido al grupo hasta en los momentos difíciles.					

0	1	2	3	4

10.1 Fomento la amistad.

10.2 Actúo como mediador en los conflictos dentro del grupo.

10.3 Hago todo lo posible para que la gente se sienta a gusto dentro del grupo.

10.4 Contribuyo a la creación de un clima de armonía dentro del grupo.

CUESTIONARIO
SOBRE COMPORTAMIENTO PROSOCIAL
EN EL CONTEXTO ESCOLAR

(Compañero de clase)

Nombre del compañero: —————————————————————

Clase: ————————————————————————————————

Centro escolar:———————————————————————————

Evalúa cada uno de los comportamientos utilizando la escala de 0 a 4.

El «0» indica que este comportamiento tiene lugar MUY RARAMENTE
El «1» ALGUNAS VECES
El «2» DIVERSAS VECES
El «3» A MENUDO
El «4» CASI SIEMPRE

	0	1	2	3	4
1. Ayuda a un compañero con un problema físico (un brazo o una pierna rotos, un parche en el ojo...) a realizar una tarea con la cual tenga dificultades.					
2. Deja las instalaciones de la escuela (clase, servicios...) en orden para facilitar la limpieza a los encargados.					
3. Deja sus juegos u otros objetos personales a los compañeros de clase.					
4. Explica a los otros las reglas de los juegos, cuando no las terminan de entender.					
5. Habla a alguien que está triste y lo consuela tanto tiempo como sea necesario.					
6. Valora positivamente el trabajo de los otros.					
7. Escucha a los compañeros de clase y a los profesores cuando explican alguna cosa.					
8. Se alegra de la felicidad de los otros.					
9. Se acerca y se sienta al lado de un compañero marginado y le ayuda.					
10. Contribuye a la creación de un clima de armonía dentro del grupo.					

OTRAS PRUEBAS

Asimismo detallamos a continuación las pruebas que se utilizaron en fases anteriores y que podrían ser útiles en investigaciones más complejas:

LISTADO DE LAS PRUEBAS

A realizar por el profesor:

1. P.B.Q. (Cuestionario de Conducta Prosocial).
2. O.E.I. (Observación Individual Simple).
3. C.C. (Construcción Cooperativa).
4. D.C. (Donación Colectiva).

A realizar por un observador:

5. O.I.C. (Observación Individual Compleja).
6. O.E.C. (Observación Equipos Clase).

En caso de que no pueda intervenir un observador especialista (por ejemplo, un psicólogo en prácticas), podrá hacer sus veces el propio profesor, debidamente entrenado.

Estos tests se hallan reproducidos en el libro *Psicología y Educación para la Prosocialidad* (Roche, 1995).

Técnicas y actividades en la aplicación del programa UNIPRO

En esta parte, después de una breve presentación teórica de cada factor, se proponen actividades diversas para su optimización presentadas en forma de fichas.

Estas actividades se deben realizar en las distintas sesiones tanto específicas como relacionadas, organizadas y clasificadas según los diez factores UPROS del modelo.

Las actividades se clasifican:

* *Según el PROCESO:*

Las actividades que se proponen están ordenadas siguiendo un proceso para que el alumno llegue a alcanzar los objetivos que se proponen.

Éste es:

1. Sensibilización cognitiva:
   Se da a conocer a los alumnos el objetivo (de la variable concreta) y se motiva a conseguirlo. Esto se realiza de modo muy explícito, claro y conciso, explicando y justificando las ventajas de esa meta.
2. Ejercicio y entrenamiento:
   Se pone en práctica de manera simulada y puntual en la propia sesión las secuencias de acciones que expresan o significan el objetivo que se quiere alcanzar, dando la oportunidad de experimentar las cogniciones, emociones o resultados que suscitan tales acciones.
3. Aplicación a la vida real:
   Se planea y prevé la actuación real y voluntaria, en el centro escolar, en la calle y en casa, de ciertas acciones deseables correspondientes al objetivo de la variable que se está trabajando. Esto permitirá integrar vivencias reales de los alumnos para llegar a su interiorización.

La proporción varía con la edad de los alumnos. En la enseñanza secundaria se incide en una mayor proporción en la sensibilización cognitiva y en la aplicación a la vida real.

* *Según la RELACIÓN CON LAS ÁREAS:*

Las actividades pueden ser:

— ESPECÍFICAS, es decir, preparadas con el fin exclusivo de aplicar los contenidos de la variable concreta.
— RELACIONADAS con contenidos diversos correspondientes a las diferentes áreas de conocimiento.

— TAREAS EN CASA, para promover una actuación más autónoma del alumno e implicar a las familias.

* *Según la VARIABLE a la cual pertenecen:*

Las actividades están agrupadas teniendo en cuenta la variable que tiene más incidencia, aunque normalmente siempre estén implicadas otras variables.

TÉCNICAS UTILIZADAS:

Para la elaboración de las actividades se han utilizado técnicas variadas. Estas técnicas, muchas ya habituales en la actividad docente, se introducen según las distintas sesiones. Como no están representadas en cada una de las variables, detallamos a continuación el conjunto de las mismas a fin de que los profesores puedan escoger, si lo desean, otras variantes a las propuestas.

Entre las técnicas usadas para la sensibilización cognitiva:
Consignas. Explicación de objetivos. Lecciones. Lecturas. Ilustración audiovisual. Historias. Cuentos. Debates.
Puestas en común. Lluvia de ideas. Análisis de alternativas.
Resolución de problemas.

Entre las técnicas para el entrenamiento o ejercicio:
Redacciones. Ejercicios. Toma de decisiones. Premios. Lectura y análisis de imágenes.
Actividades plásticas y visuales, confección de murales, dibujos, fotografías, vídeos, televisión, cine.
Actividades de expresión escrita: sopa de letras, crucigramas, jeroglíficos.
Exposición oral por parte de los alumnos.
Role playing o representación teatral.
Juegos.
Trabajos a partir de noticias reales.
Audiciones musicales, de canciones.
Resolución de problemas.

Entre las técnicas para la aplicación a la vida real:
Tareas en casa. Lectura y recorte de noticias. Registros.
Cuadernos de observación de prosocialidad.
Anecdotarios. Diarios. Entrevistas. Encuestas.
Estudio de casos.
Sesiones familiares de televisión.
Sesiones familiares de análisis y participación.

Fichas
de actividades

A continuación se presenta un cuadro por cada factor con un breve resumen de cada una de las fichas (UPROS) correspondientes.

Fichas UPRO del factor n.º 1: Dignidad, autoestima y heteroestima	
1.1. CHARLAS. CARTAS. ENTREVISTAS A LOS PADRES. «PRESENTACIÓN DEL PROGRAMA PROSOCIAL» **1.1a.** «PRESENTACIÓN DEL PROGRAMA AL ALUMNADO.» **1.1b.** «PRESENTACIÓN DEL PROGRAMA A LAS FAMILIAS Y AL ALUMNADO.»	La dirección y los profesores implicados efectuarán una presentación solemne de la prosocialidad y del proyecto al centro escolar o a las aulas, e incluso a las familias, tratando de obtener la aprobación de los mismos así como una participación voluntaria en primera persona, sabiendo que se trata de una experiencia internacional en la que los alumnos no son sólo receptores del programa sino agentes creativos del mismo.
1.2. LECTURA Y DEBATE. RELACIÓN CON EL ÁREA DE LENGUA. «EN EL PATIO DEL CENTRO ESCOLAR.»	Después de leer el artículo de Víctor M. Amela se hará un debate centrando la importancia en que nuestros actos pueden tener consecuencias críticas para los demás y de ahí la importancia de producir acciones prosociales.
1.3. ANÁLISIS Y DEBATE. ESPECÍFICA. «TÍTULOS DE LIBROS.»	Se confeccionarán dos listas de títulos de libros, según expresen valores positivos o valores negativos. Se iniciará una conversación sobre el por qué un título nos puede transmitir valores.
1.4. REDACCIÓN. ESPECÍFICA. «CÓMO SOY YO REALMENTE.»	Autodescripción física y psicológica del sujeto.
1.5. REDACCIÓN. RELACIÓN CON EL ÁREA DE LENGUA. «COMPOSICIÓN LITERARIA.»	Cada alumno elaborará una redacción sobre el respeto a la dignidad y derechos humanos. Más allá del racismo, las disminuciones físicas o mentales y la vejez. Se trataría de reflexionar cómo vivimos estas diferencias en nuestras propias relaciones.

1.6. EXPOSICIÓN.
RELACIÓN CON EL ÁREA DE
EDUCACIÓN VISUAL Y PLÁSTICA.
«EXPOSICIÓN ARTÍSTICA-
PLÁSTICA SOBRE LA DIGNIDAD
DE LA PERSONA.»

Cada alumno plasmará en un trabajo artístico sus sentimientos y deseos sobre la igualdad de dignidad y derechos de todas las personas.

1.7. ANÁLISIS Y REPRESENTACIÓN.
RELACIÓN CON EL ÁREA DE
MÚSICA.
«CANCIONES SOBRE LA
DIGNIDAD HUMANA.»

Se escucharán canciones cuya letra haga referencia a los derechos humanos y la dignidad, independientemente de las capacidades o utilidad de las personas.

1.8. LECTURA, ANÁLISIS, PUESTA
EN COMÚN.
RELACIÓN CON EL ÁREA DE
CIENCIAS SOCIALES.
«DERECHOS HUMANOS.»

Lecturas sobre la declaración universal de los derechos humanos y de las constituciones de cada estado.
(Artículos 10 y 14 de la Constitución española.)
Examinar las coincidencias entre ambos documentos. También se pueden trabajar otros textos provenientes de sistemas de creencias, instituciones o personajes caracterizados por su trabajo a favor de los derechos humanos.

1.9. TAREA EN CASA, RECORTE
Y ANÁLISIS DE NOTICIAS.
ESPECÍFICA.
«¿RACISTAS NOSOTROS?»

A partir de noticias aparecidas en los medios de comunicación sobre el racismo, se hará un análisis y se reflexionará sobre la propia actitud ante este tema y otros asociados (el de las diferencias...); la familia colaborará en la búsqueda de noticias.

1.10. TAREA EN CASA, MURAL
Y CAMPAÑA.
RELACIÓN CON EL ÁREA DE
CIENCIAS EXPERIMENTALES.
«CONSERVEMOS LA
NATURALEZA.»

Los alumnos buscarán noticias a favor y en contra del valor del medio ambiente. Confeccionarán una lista de acciones para mejorarlo y se organizará una campaña de sensibilización a las familias.

1.11. LISTA, REDACCIÓN, DEBATE
Y MURAL.
ESPECÍFICA.
«PRIORIZACIÓN DE VALORES
Y OBJETIVOS PERSONALES.»

Cada alumno escribirá sobre valores, metas, intereses y objetivos y después los ordenará por orden de importancia o preferencia. Se reflexionará donde figura la «dignidad del otro» y sobre todo «la estima del otro» y la «prosocialidad». Finalmente, se hará una puesta en común y mural sobre conclusiones acordadas.

1.12 TAREA EN CASA, PARA FUERA
DEL CENTRO ESCOLAR.
ESPECÍFICA.
«ACOGIDA DE OTROS
JÓVENES.»

Reflexión acerca de cómo acoger en grupo a jóvenes de baja autoestima.
Animar a realizar la experiencia.

1.13 LECCIÓN.
ESPECÍFICA.
«CAMBIOS EN LA
PREADOLESCENCIA.»

Lección que prepare los cambios físicos
y psíquicos en la preadolescencia,
desdramatizándolos y favoreciendo la
comprensión de las diferencias en el
desarrollo y la aceptación de sí mismo.

1.14. DEBATE.
ESPECÍFICA.
«DIGNIDAD EN LA VEJEZ.»

A partir de las anotaciones del alumno en
el cuaderno de prosocialidad con respecto a
sentimientos de las personas ancianas sobre
su estado, debatir la dignidad de la persona.

1.15. LECCIÓN. LISTA O REDACCIÓN.
RELACIÓN CON EL ÁREA DE
CIENCIAS SOCIALES O CIENCIAS
EXPERIMENTALES.
«ENVEJECER.»

Lección que trata de contrastar el proceso
biológico de deterioro con el posible
enriquecimiento psicológico.

1.16. CONVERSACIÓN.
TAREA EN CASA.
«HABLAR CON LOS ABUELOS.»

Cada alumno tendrá una conversación con
sus abuelos sobre cómo viven su vejez
tratando de transmitirles comprensión
y agradecimiento.

1.17. DEBATE.
ESPECÍFICA. TAREA EN CASA.
«INTEGRACIÓN, ¿SÍ O NO?»

Los alumnos divididos en dos grupos
entablarán un debate en el cual unos
estarán a favor y otros en contra.
Las informaciones para elaborar sus
argumentaciones las buscarán ayudados
por sus familias.

FICHAS UPRO DEL FACTOR N.º 2:
HABILIDADES Y ACTITUDES DE RELACIÓN INTERPERSONAL

2.1. LECCIONES, EJERCICIO Y
ELABORACIÓN DE CONSIGNAS.
ESPECÍFICA Y RELACIÓN CON EL
ÁREA DE LENGUA.
«POR UNA CONVIVENCIA MÁS
AGRADABLE.»

El profesor presentará las actitudes y
habilidades básicas de relación interpersonal,
y, sobre todo, sus ventajas.
Habría que dedicar una sesión, como
mínimo, a cada una de las cinco básicas.
Cada alumno inventará un eslogan sobre la
habilidad de comunicación que se esté
tratando en esa sesión y entre todos se
escogerá el más acertado.

2.2. EJERCICIO DE RESPONDER A
UN CUESTIONARIO.
ESPECÍFICA.
«CONOCER EL PROPIO
COMPORTAMIENTO SOCIAL.»

Los alumnos contestarán un cuestionario
específico sobre sus propias actitudes y
habilidades básicas de relación social. Se
guardarán en una caja precintada. Después
de un tiempo se abrirá la caja y cada alumno
contrastará el cuestionario anterior con el
actual.

2.3. LECTURA EN VOZ ALTA, POR TURNOS, EN CLASE Y DEBATE. ESPECÍFICA Y RELACIÓN CON EL ÁREA DE LENGUA. «UNA CUALIDAD NO MUY FRECUENTE.»	Capítulo 2.º del libro *Momo*. Cada alumno expresará sus conclusiones respecto a la forma de escuchar del personaje. Debate centrado en la escucha.
2.4. TAREA EN CASA, ENTREVISTA, PUESTA EN COMÚN Y DEBATE. ESPECÍFICA Y RELACIÓN CON EL ÁREA DE LENGUA. «POR FAVOR, ¿PUEDO HACERLE UNA PREGUNTA?»	Elaboración de un guión de entrevista para realizar a cinco personas fuera de la clase sobre sus experiencias al saludar. Puesta en común y debate.
2.5. LECCIÓN, EJERCICIO Y *ROLE PLAYING*. ESPECÍFICA Y RELACIÓN CON LAS ÁREAS DE LENGUA Y CIENCIAS SOCIALES. «YO SOY UN PARLAMENTARIO.»	El profesor de ciencias sociales explicará qué es un parlamento y la importancia de escucharse allí. El profesor de lengua escogerá algunos fragmentos de textos parlamentarios o invitará a que los alumnos elaboren unos en base a un tema: una televisión para todos y sin violencia. Se ejecutará una representación en la que figuren diferentes roles.
2.6. ILUSTRACIÓN AUDIOVISUAL Y DEBATE. ESPECÍFICA Y TAREA EN CASA. «MIREMOS CÓMO SE RELACIONAN.»	Los alumnos conjuntamente con su familia proyectarán una película con secuencias en donde se puedan observar cómo se escuchan los personajes, sus sonrisas, sus saludos, su forma de agradecer, su forma de preguntar y las correspondientes consecuencias a todo ello, especialmente las que faciliten la cooperación, generosidad, etc. Todo ello puede dar lugar a un debate posterior en el aula.
2.7. REDACCIÓN. RELACIÓN CON EL ÁREA DE LENGUA. «CÓMO Y CUÁNDO AGRADECEMOS.»	Cada alumno redactará una lista con situaciones en las que se puede o se debería agradecer.
2.8. SESIÓN FAMILIAR DE ANÁLISIS Y PARTICIPACIÓN. ESPECÍFICA. «LOS SALUDOS DESDE LA FAMILIA.»	Tarea para casa: que el alumno promueva una reunión familiar donde se hable de los saludos que son habituales o deseables en casa, con los parientes, con los vecinos y que cada componente explique cómo lo hace y se siente. Evidentemente, se habrá avisado a la familia para que aproveche a positivizar esta realidad.

2.9.	REPRESENTACIÓN Y ANÁLISIS EN GRUPO. ESPECÍFICA. «REPRESENTACIÓN DE HABILIDADES DE RELACIÓN INTERPERSONAL.»	Esta actividad puede tener como contenido los saludos, los lenguajes no verbales, los agradecimientos, etc. Se trataría de inventar diversas situaciones (familias, amigos, tiendas, calle, etc.) en las que se produzcan saludos e interacciones verbales y no verbales. Después de representarlas, se pasaría a analizarlas por parte de todo el grupo así como a su mejora, si fuera el caso.
2.10.	TAREA EN CASA, EJERCICIO, MURAL Y REPRESENTACIÓN. RELACIÓN CON EL ÁREA DE CIENCIAS SOCIALES. «COSTUMBRES DE OTROS PUEBLOS.»	Se trata de un trabajo de búsqueda, a partir de material escrito, de las costumbres de otras culturas respecto a los saludos, a sus formas de comunicación, etc. Todo ello puede finalizar con la construcción de un mural y, posiblemente, de alguna representación.
2.11.	ENTREVISTAS. TELEDIARIO. ESPECÍFICA. TAREA EN CASA. «ENTREVISTAS EN EL TELEDIARIO.»	Cada alumno con ayuda de su familia recogerá noticias positivas para elaborar un telediario en clase, donde se incluirá la técnica de elaborar entrevistas.

FICHAS UPRO DEL FACTOR N.º 3:
VALORACIÓN DE LO POSITIVO EN EL COMPORTAMIENTO DE LOS DEMÁS

3.1.	RECORTE DE NOTICIAS. ESPECÍFICA Y RELACIÓN CON EL ÁREA DE EDUCACIÓN VISUAL Y PLÁSTICA. «SELECCIÓN DE FOTOGRAFÍAS.»	Cada alumno recortará de diarios o revistas 10 fotografías donde se aprecien acciones positivas, se clasificarán, razonándolo, y se confeccionará un mural.
3.2.	LECCIÓN, EJERCICIO Y LISTA. RELACIÓN CON LAS ÁREAS DE LENGUA Y LENGUA EXTRANJERA. «CONOCER MÁS ALLÁ DE LAS APARIENCIAS.»	Los alumnos escribirán tres cualidades de cada uno de sus compañeros, en el camino de superar antipatías.
3.3.	LISTADO Y DEBATE. ESPECÍFICA. «VENCER LA ANTIPATÍA: OJOS NUEVOS CADA DÍA.»	Cada alumno redactará sobre sentimientos de antipatía y por qué, resaltando luego qué harán para que esta persona les fuese simpática. Posteriormente se hace un debate y cada alumno se compromete a hacer una experiencia activa en este sentido.
3.4.	REDACCIÓN. RELACIÓN CON EL ÁREA DE LENGUA. «REDACCIÓN.»	Los alumnos realizarán una redacción de unas cien palabras acerca de una acción prosocial que hayan observado en un compañero.

3.5.	RECORTE DE NOTICIAS. TAREA EN CASA. RELACIÓN CON EL ÁREA DE EDUCACIÓN VISUAL Y PLÁSTICA. «A LA CAZA DE LA NOTICIA POSITIVA.»	Se recortarán noticias positivas o resumirán de lo escuchado o visto en la televisión sobre hechos sucedidos manifestando conductas prosociales; se confeccionará un periódico mural positivo.
3.6.	REDACCIÓN, TEATRO, *ROLE PLAYING* Y TELEDIARIO. RELACIÓN CON EL ÁREA DE LENGUA. «TELENOTICIAS.»	Se simulará un telediario colectivo en el que se difundirán noticias positivas previamente entresacadas de la prensa, radio o televisión del propio ambiente, que habrán sido reelaboradas por grupos de alumnos.
3.7.	EJERCICIO. RELACIÓN CON EL ÁREA DE LENGUA. «SOPA DE LETRAS.»	Los alumnos identificarán diez adjetivos positivos de una sopa de letras y atribuirán cada uno de ellos a un compañero.
3.8.	SESIONES FAMILIARES DE TELEVISIÓN. ESPECÍFICA. «LA TELEVISIÓN EN FAMILIA.»	Pedir a los padres que les acompañen a ver en algún programa de televisión cómo los personajes se señalan mutuamente las cosas positivas o negativas.
3.9.	TAREA EN CASA, LISTAS, ANECDOTARIOS Y REGISTROS. RELACIÓN CON LAS ÁREAS DE LENGUA Y LENGUA EXTRANJERA. «ANOTAR ELOGIOS.»	Los alumnos recuerdan u observan, de su vida, elogios, y situaciones donde se aplican.
3.10.	TAREA EN CASA, LISTAS. ESPECÍFICA. «EXPRESAR ELOGIOS.»	Procurar expresar un número (1 a 3) de elogios diarios en una semana especial (como si fueran regalos: rosas, libros, etc.) a los que conviven con nosotros o amigos o vecinos.
3.11.	PREMIOS. RELACIÓN CON CUALQUIER ÁREA. «VOTACIÓN POSITIVA.»	Ejercitar las votaciones de los mejores trabajos, en las que no se debe votar a sí mismo.
3.12.	*ROLE PLAYING.* ESPECÍFICA. «VAMOS A ELOGIAR.»	Los alumnos simularán situaciones en donde expresar elogios.
3.13.	LISTADO Y DEBATE. ESPECÍFICA. «ADMIRACIÓN O ENVIDIA.»	Cada alumno hará un listado de situaciones y/o personas que le susciten envidia, para buscar situaciones en donde poderla superar.

3.14.	LECCIÓN. DEBATE. ESPECÍFICA. «ANTENAS POSITIVAS.»	En base a mostrar un vaso de Coca Cola con el 50 % de su cabida con líquido, se preguntará a los alumnos cómo lo ven, y se destacará las percepciones de «medio lleno» o «medio vacío», derivando estas diferentes constataciones a resaltar estilos perceptivos diferentes en las personas para recomendar una lectura siempre positiva de la realidad y su correspondiente difusión.
3.15.	MURAL. DEBATE. RELACIÓN CON EL ÁREA DE EDUCACIÓN VISUAL Y PLÁSTICA. «CÓMO VENCER LA ENVIDIA.»	Los alumnos confeccionarán murales en donde se especifiquen los pasos a seguir para la superación de la envidia.

FICHAS UPRO DEL FACTOR N.º 4: CREATIVIDAD E INICIATIVA PROSOCIALES

4.1.	LISTA, DEBATE, ANÁLISIS DE ALTERNATIVAS Y TOMA DE DECISIONES. ESPECÍFICA. «ORGANIZACIÓN PROSOCIAL.»	Establecer las reglas y normas de clase, analizadas colectivamente, para procurar una organización prosocial.
4.2.	REDACCIÓN. RELACIÓN CON EL ÁREA DE LENGUA. «CONTINÚA LA HISTORIA...»	De entre una serie de comienzos de historias, cada alumno escogerá uno y continuará el relato según la propia creatividad. Se apreciarán, en esta creatividad, los elementos prosociales que introduzcan en el relato y/o en el desenlace de la situación.
4.3.	TAREA EN CASA, REDACCIÓN, LISTAS Y REGISTRO. ESPECÍFICA. «¿TE IMAGINAS UN CAMPO GRIS LLENO DE FLORES GRISES?»	Se analiza la importancia de la existencia de personas en la historia de la humanidad que hayan tenido creatividad e iniciativa, por las aportaciones que han hecho en todos los campos. Cada alumno en su casa y con ayuda de su familia escribirá en su cuaderno tres situaciones personales en las cuales piense haber actuado con iniciativa y creatividad.
4.4.	ENTREVISTA Y TAREA EN CASA. RELACIÓN CON EL ÁREA DE LENGUA. «REPORTEROS OCASIONALES.»	Los alumnos, en grupo, elaborarán una entrevista que contenga un mínimo de diez preguntas y la pasarán a un personaje escogido previamente por ellos, que se distinga por su creatividad. Contenido: alternativas prosociales y soluciones a problemas colectivos.

4.5. EJERCICIO. ESPECÍFICA.
«¡TOMEMOS DECISIONES!»

Cada alumno tendrá que responder qué haría delante de una situación planteada por el profesor que requiera una actuación rápida.

4.6. TAREA EN CASA, LECTURA Y REDACCIÓN.
RELACIÓN CON EL ÁREA DE CIENCIAS EXPERIMENTALES.
«DESCUBRIDORES CIENTÍFICOS.»

Cada alumno escogerá un descubridor científico, y con ayuda de su familia buscará bibliografía y escribirá sus aportaciones a la ciencia.

4.7. LECCIÓN Y DEBATE.
ESPECÍFICA.
«EL CÓMO Y EL POR QUÉ.»

Los alumnos tienen que descubrir el cómo y el por qué del hallazgo de las soluciones, reflexionando que delante de una situación conflictiva es necesario detenerse para pensar, evitando las reacciones primarias y el conformismo.

4.8. LECTURA Y COMENTARIO EN COMÚN.
RELACIÓN CON EL ÁREA DE LENGUA.
«PERSONAJES LITERARIOS CREATIVOS.»

Cada alumno identificará los elementos creativos de unos textos literarios.

4.9. LECCIÓN, ANÁLISIS DE ALTERNATIVAS, RESOLUCIÓN DE PROBLEMAS Y MURAL.
RELACIÓN CON EL ÁREA DE EDUCACIÓN VISUAL Y PLÁSTICA.
«PASOS PARA LA RESOLUCIÓN DE PROBLEMAS HUMANOS.»

El profesor explica la secuenciación de las fases de una técnica de resolución de problemas. Cada alumno inventa un problema humano y aplica la técnica. Se elabora un mural entre todos describiendo los pasos.

4.10. LECCIÓN, LECTURA Y DEBATE.
RELACIÓN CON CUALQUIER ÁREA. ESPECÍFICA.
«VENTAJAS DEL PERDONAR.»

Leer un extracto de los puntos de la investigación del Dr. Reinhard Tausch de la Universidad de Hamburgo (*Ciudad Nueva*, febrero, 1996). Contar experiencias y debatir ventajas e inconvenientes del perdonar.

Fichas UPRO del factor n.º 5:
Comunicación. Revelación de sentimientos. La conversación°

5.1. ENTREVISTAS. TAREA EN CASA.
ESPECÍFICA.
«ANÉCDOTAS DE NUESTRA INFANCIA.»

Los alumnos entrevistarán a sus padres sobre recuerdos agradables de la infancia, deseos, agradecimientos.

5.2. TAREA EN CASA, REGISTRO Y ANECDOTARIO.
ESPECÍFICA.
«REGISTRO PERSONAL: CAMBIOS EXPERIMENTADOS.»

Registrar los cambios en el estado de ánimo que se experimenten durante el día, anotando la situación que los provocó.

5.3.	RECORTE DE FOTOGRAFÍAS, ANÁLISIS Y EXPOSICIÓN ORAL. ESPECÍFICA Y RELACIÓN CON EL ÁREA DE EDUCACIÓN VISUAL Y PLÁSTICA. «LA FOTOGRAFÍA.»	Escoger fotografías de algunos periódicos o revistas, donde el alumno explicará los sentimientos que le sugieren.
5.4.	DEBATE. RELACIÓN CON EL ÁREA DE EDUCACIÓN FÍSICA. «DEBATE SOBRE UN PARTIDO DE FÚTBOL.»	Una vez finalizado un partido de fútbol entre los alumnos, se hace un debate sobre cómo nos sentimos, haciendo especial hincapié en la envidia y cómo superarla.
5.5.	TAREA EN CASA, ENCUESTA Y PUESTA EN COMÚN. RELACIÓN CON EL ÁREA DE MATEMÁTICAS. «ENCUESTA.»	Se pasará una encuesta, básicamente en la familia, sobre la opinión que tiene la gente de la felicidad, para que los alumnos se den cuenta de que no todos la entienden de igual manera.
5.6.	*ROLE PLAYING,* TEATRO Y PUESTA EN COMÚN. ESPECÍFICA Y RELACIÓN CON EL ÁREA DE EDUCACIÓN FÍSICA. «REPRESENTACIÓN MÍMICA DE LO QUE ME GUSTA Y DE LO QUE HAGO.»	Realización de una sesión de expresión corporal, mímica, musical, y puesta en común de las propias aficiones, gustos o sentimientos experimentados.
5.7.	REDACCIÓN. RELACIÓN CON EL ÁREA DE LENGUA. «REDACCIÓN COMUNICATIVA.»	Cada alumno realizará una redacción sobre un tema propuesto por el profesor, pero poniendo de relieve los sentimientos que le suscita.
5.8.	EJERCICIO. RELACIÓN CON EL ÁREA DE LENGUA EXTRANJERA: INGLÉS. «FEELINGS AND OPPOSED FEELINGS.»	El alumno enlazará mediante líneas los sentimientos de una lista con sus sinónimos y con sus antónimos.
5.9.	EJERCICIO Y REDACCIÓN. RELACIÓN CON EL ÁREA DE EDUCACIÓN VISUAL Y PLÁSTICA. «CARAS EXPRESIVAS.»	Los alumnos identificarán los estados de ánimo sobre unos dibujos de caras y redactarán sobre los sentimientos expresados por las caras.
5.10.	TAREA EN CASA Y ANECDOTARIO. ESPECÍFICA. «DIARIO PERSONAL.»	Explicar las ventajas de un diario y que cada alumno lo practique durante unos días. El profesor recomendará que se viertan especialmente sentimientos.
5.11.	AUDICIÓN MUSICAL. RELACIÓN CON EL ÁREA DE MÚSICA. «AUDICIÓN MUSICAL.»	Los alumnos dirán los sentimientos experimentados en cada pasaje musical, razonando su respuesta.

6.1. EJERCICIO. RELACIÓN CON EL ÁREA DE LENGUA «JUEGO DEL "¿CÓMO ME SENTIRÍA SI...?".»

Cada alumno deberá expresar verbalmente cómo se sentiría en cada una de las situaciones de una serie presentada por el profesor.

6.2. TAREA EN CASA Y EXPRESIÓN. ESPECÍFICA. «JUEGO DE LAS "BIOGRAFÍAS".»

Cada alumno preguntará a sus familias sobre su biografía y después la deberá comunicar a otros dos tanto como pueda durante un minuto. Los otros han de escuchar y repetir el máximo de información.

6.3. ROLE PLAYING. ESPECÍFICA. «MOMENTOS FELICES DE MI VIDA»

Recrear escenas simuladas en que presentando una comunicación muy autocentrada (hablar siempre de sí mismo, interrumpir al otro, etc.) se pasa a presentar y subrayar la escena alternativa de escucha profunda.

6.4. ROLE PLAYING Y FEEDBACK. ESPECÍFICA. «¿TE HE COMPRENDIDO BIEN?»

Ejercicio de feedback y verificación de los mensajes intercambiados. Se trata de ponerse «en la piel del otro».

6.5. REPRESENTACIÓN Y DEBATE. ESPECÍFICA. «IDENTIFICACIÓN CON UN PROBLEMA AJENO.»

Los alumnos observarán una representación, y se abrirá un debate para contestar a una serie de preguntas planteadas, demostrando haberse identificado con la situación.

6.6. SESIONES FAMILIARES DE TELEVISIÓN. ESPECÍFICA. «AYÚDAME A DESCUBRIR...»

Como tarea para casa, piden a sus padres el ver juntos una película para descubrir algunos sentimientos y motivaciones profundas de dos personajes.

6.7. LECTURA, ANÁLISIS Y PUESTA EN COMÚN. RELACIÓN CON EL ÁREA DE LENGUA. «LECTURA Y ANÁLISIS DE UNA NARRACIÓN.»

Los alumnos leerán la narración y analizarán los sentimientos de los distintos personajes que intervienen en la misma.

6.8. ROLE PLAYING, REDACCIÓN Y DEBATE. RELACIÓN CON EL ÁREA DE EDUCACIÓN FÍSICA. «EXPERIMENTAR.»

Los alumnos experimentarán una discapacidad física, escribirán una redacción sobre ello y participarán en un debate posterior.

6.9. TAREA EN CASA, VIVENCIAS PERSONALES, EXPOSICIÓN VERBAL Y PUESTA EN COMÚN. ESPECÍFICA. «VIVENCIA DE LA EMPATÍA.»

Los alumnos vivenciarán todo lo explicado así como sus propios sentimientos al empatizar con los roles familiares; al terminar el plazo determinado, se hará una puesta en común.

6.10. PROYECCIÓN Y DEBATE. RELACIÓN CON EL ÁREA DE CIENCIAS SOCIALES. «CINE-FORUM: *GANDHI*.»

Después de visionar la película se abrirá un debate para valorar la figura de este personaje empático por excelencia.

7.1. LISTADO, DEBATE Y MURAL CONCLUSIVO. ESPECÍFICA. «CÓMO EVITAR O DISMINUIR LAS PELEAS.»

Analizar las posibles causas que producen sus acciones agresivas y elaborar pautas para ayudar a evitarlas.

7.2. SESIÓN DE TELEVISIÓN EN CASA. ESPECÍFICA. «ESCENAS AGRESIVAS O COMPETITIVAS EN LAS PELÍCULAS.»

Analizar diferentes situaciones que se dan en una película, según se consideren agresivas, violentas o competitivas. Saber buscar las causas que han originado los conflictos.

7.3. *ROLE PLAYING*. ESPECÍFICA. «UN PEQUEÑO TEATRO.»

Atribuir una importancia diferente a las situaciones provocadoras de agresividad.

7.4. REDACCIÓN. RELACIÓN CON EL ÁREA DE LENGUA. «AQUEL DÍA, YO...»

Recordar situaciones en las que el sujeto fue autor de acciones que resultaron violentas para con otro o con terceros. Considerar en qué modo podemos desterrar de nuestras posibles conductas las agresivas.

7.5. LISTADO Y DEBATE. TAREA EN CASA. RELACIÓN CON EL ÁREA DE LENGUA. «ME MOLESTA QUE...»

Cada alumno hará un listado de acciones que le molesten, irriten o le provoquen agresividad, con el fin de intentar evitar las conductas que molestan a los demás; posteriormente entregará el listado a su familia.

7.6. TAREA EN CASA, REGISTROS O ANECDOTARIOS Y EXPERIENCIAS. ESPECÍFICA. «¿QUÉ HEMOS HECHO PARA CONSTRUIR LA PAZ MUNDIAL?»

Registrar, con ayuda de la familia, siete acciones preventivas o resolutivas de conflicto.

7.7. TAREA EN CASA Y PUESTA EN COMÚN. RELACIÓN CON EL ÁREA DE MÚSICA. «CANCIONES POR LA PAZ.»

Aumentar la sensibilización hacia el tema de la paz, a partir de las letras y de la música de unas canciones.

7.8.	LECCIÓN, LECTURA Y DEBATE. RELACIÓN CON EL ÁREA DE CIENCIAS SOCIALES. «EL HOMBRE, ¿VIOLENTO?»	Hacer una lectura y debate posterior sobre el texto de un artículo presentado previamente.
7.9.	*ROLE PLAYING* Y DEBATE. ESPECÍFICA. «DEFENDAMOS NUESTROS DERECHOS.»	Saber defender sus derechos a través de representaciones de situaciones cotidianas.
7.10.	CONVERSACIÓN. ESPECÍFICA. «¿SABEMOS QUÉ ES UNA AGRESIÓN?»	Valorar qué es una agresión, cómo puede expresarse la agresión y sus consecuencias.
7.11.	CORRESPONDENCIA Y COMENTARIO. ESPECÍFICA. «EL BUZÓN.»	Autorreflexionar sobre los conflictos y ofrecer vías de solución.
7.12.	DEBATE A DOS. ESPECÍFICA. «EL DILEMA.»	Cooperar con los compañeros que tienen opiniones diferentes de la propia.
7.13.	EXPOSICIÓN ORAL. ESPECÍFICA. «LOS PORTAVOCES.»	Expresar quejas verbalmente de forma adecuada.

FICHAS UPRO DEL FACTOR N.º 8:
MODELOS PROSOCIALES REALES Y EN LA IMAGEN

8.1.	CÓMIC. RELACIÓN CON EL ÁREA DE LENGUA. «CÓMIC PROSOCIAL.»	Aplicar conductas prosociales en los cómics.
8.2.	ANÁLISIS DE ANUNCIOS. RELACIÓN CON EL ÁREA DE LENGUA. «DESCUBRIR ENGAÑOS.»	Identificar el mensaje implícito de los anuncios publicitarios.
8.3.	TAREA EN CASA, LECTURA, LECCIONES, BÚSQUEDA Y RECORTE. RELACIÓN CON EL ÁREA DE CIENCIAS EXPERIMENTALES O CIENCIAS SOCIALES. «PERSONAJES PROSOCIALES DE NUESTRA HISTORIA.»	Lecturas o lecciones del profesor, o búsqueda por los alumnos ayudados por sus familias de biografías de personajes modélicos por su prosocialidad. Por ejemplo: los nombres titulares de la escuela.

8.4.	ENTREVISTA, MURAL Y REPRESENTACIÓN. RELACIÓN CON EL ÁREA DE LENGUA. «ENTREVISTAS A PERSONAJES PROSOCIALES.»	Elaboración de guiones para entrevistas reales o simuladas a famosos del entorno, personalmente o por correo.
8.5.	TAREA EN CASA, DEBATE Y BÚSQUEDA. RELACIÓN CON EL ÁREA DE CIENCIAS SOCIALES. «¿QUIÉN TRABAJA AL SERVICIO DE LOS DEMÁS?»	La familia ayuda en la búsqueda sobre profesiones o asociaciones que se caractericen por un acusado servicio a los demás. Resaltar el carácter voluntario donde se dé. Lógicamente puede deducirse que todas las profesiones están al servicio.
8.6.	ANÁLISIS. ESPECÍFICA. «DIMENSIONES Y GRADOS DEL ALTRUISMO.»	Pauta para hacer el análisis de las acciones que se estudian en la presente variable. Útil para que los alumnos constaten diferencias en los tipos de acciones.
8.7.	REGISTRO Y PUESTA EN COMÚN. ESPECÍFICA. «ACCIONES ANÓNIMAS.»	Registro de acciones prosociales que se observan. Puesta en común del registro y de otras acciones recordadas.
8.8.	TAREA EN CASA, ANÁLISIS Y PUESTA EN COMÚN. ESPECÍFICA. «ANÁLISIS DE UNA PELÍCULA.»	Seleccionar en familia escenas prosociales de una película, siguiendo el guión de análisis prosocial de contenidos de una sesión televisiva.
8.9.	EJERCICIO, REFLEXIÓN Y DEBATE. RELACIÓN CON LAS ÁREAS DE LENGUA, EDUCACIÓN VISUAL Y PLÁSTICA. «ANUNCIAR LA PROSOCIALIDAD.»	Mostrar los beneficios de mantener conductas prosociales a través de anuncios publicitarios.
8.10.	VISIONADO Y DEBATE. RELACIÓN CON EL ÁREA DE CIENCIAS SOCIALES. «GUATEMALA.»	Valorar lo que significa ayudar a los otros desde la perspectiva de Intermón o de cualquier otra ONG.
8.11.	VISIONADO Y DEBATE. RELACIÓN CON EL ÁREA DE CIENCIAS SOCIALES «UN LARGO CAMINO, ¿QUÉ LLEVO CONMIGO?»	Conocer las condiciones de vida de los refugiados, analizar las causas que generan estos movimientos y participar en la búsqueda de soluciones.
8.12.	VISIONADO, EJERCICIO Y DEBATE. ESPECÍFICA. «ANÁLISIS DE LA PELÍCULA *FORREST GUMP.*»	Comentar y debatir los aspectos prosociales aparecidos en la película.
8.13.	VISIONADO. DEBATE. ESPECÍFICA. «LA TELEVISIÓN, ¿NOS COME EL COCO?»	Los alumnos harán un debate sobre los contenidos que transmite la televisión y cómo se dejan influir por ellos.

9.1. LECCIÓN, DEBATE Y DIBUJO.
ESPECÍFICA.
«A VUELTAS CON LA
PROSOCIALIDAD.»

Valorar qué significa «ayudar a otros».
Reflexionar sobre la importancia de unas
relaciones basadas en la cooperación.

9.2. CONSTRUCCIÓN, LISTADO
Y PUESTA EN COMÚN.
RELACIÓN CON EL ÁREA DE
EDUCACIÓN VISUAL Y PLÁSTICA.
«CONSTRUYE Y COMPARTE.»

Mostrar satisfacción en ofrecer juegos
construidos por nosotros mismos.

9.3. TAREA EN CASA, LECTURA,
CONSIGNA, ANECDOTARIO
DE EXPERIENCIAS, ANÁLISIS
Y OBJETIVO PRÁCTICO.
ESPECÍFICA.
«DE LA COOPERACIÓN A LA
AMISTAD SÓLO HAY UN PASO.»

Lectura de una historia-cuento a partir
del cual se introduce la consigna de
«hacerse uno» (empatía), que han de aplicar
durante una semana. En la sesión siguiente
puesta en común del anecdotario de
experiencias. Análisis de los diferentes tipos
de acciones y proponerse una nueva
consigna de establecer amistades
verdaderas.

9.4. LECTURA, ANÁLISIS Y MURAL.
RELACIÓN CON LAS ÁREAS DE
LENGUA EXTRANJERA Y
EDUCACIÓN VISUAL Y PLÁSTICA.
«LET'S READ, DRAW, COOPERATE
AND SHARE!»

Lectura de *The Giving Tree* (*El árbol
generoso*). Análisis de tipos de acciones
prosociales. Confección de un mural.

9.5. REDACCIÓN Y PUESTA EN
COMÚN.
RELACIÓN CON EL ÁREA
DE LENGUA.
«REDACCIÓN PROSOCIAL.»

Redacción sobre acciones prosociales. Puede
asignarse a cada alumno o parejas de
alumnos un tipo diferente de acción
prosocial puesta en común para su análisis
y debate colectivo.

9.6. EJERCICIO
ESPECÍFICA.
«TODO LO QUE SOY CAPAZ DE
HACER Y OFRECER.»

Ejercicio en el que cada alumno elabora una
lista de las acciones concretas prosociales
que él puede realizar orientadas a su grupo,
clase (en el patio), escuela, amigos, su
familia, barrio, pueblo.

9.7. ENTREVISTA, PLAN DE ACCIÓN Y
POSIBLE FILMACIÓN EN VÍDEO.
ESPECÍFICA.
«¿PODEMOS COLABORAR MÁS
EN EL CENTRO ESCOLAR?»

A partir de la actividad «todo lo que soy
capaz de hacer y ofrecer», entrevistar a
diversos componentes de la escuela (director,
conserje, jardinero, cocinero, etc.) para
conocer sus necesidades. Elaborar un plan
de acción. Una vez en marcha, realizar la
filmación en vídeo, como material exponente
de la escuela.

9.8. TAREA EN CASA.
ESPECÍFICA.
«CÓMO MEJORAR TRES COSAS EN CASA.»

A partir de la actividad «todo lo que soy capaz de hacer y ofrecer», el alumno escogerá tres cosas que cree que puede hacer en casa para colaborar o para mejorar las relaciones en la familia. Cuidarse de niños más pequeños: hermanos o vecinos.

9.9. VISITAS, ENTREVISTAS Y PLAN DE ACCIÓN.
ESPECÍFICA.
«TODOS POR EL BARRIO.»

A partir de la actividad «todo lo que soy capaz de hacer y ofrecer», entrevistar a diversas personas o instituciones significativas del barrio, del pueblo o de la ciudad, para conocer necesidades a las que se puede aportar alguna colaboración. Realizar un plan de acción y ponerlo en práctica.

9.10. EJERCICIO PRÁCTICO.
ESPECÍFICA.
«TODOS PODEMOS HACER DE PROFESORES.»

Cada alumno ayudará a un compañero de otro nivel en las tareas de clase. Tienen que coordinarse entre dos clases.

9.11. CONVERSACIÓN-ENTREVISTA Y PUESTA EN COMÚN.
ESPECÍFICA.
«VALORAR A LOS ABUELOS.»

Saber escuchar a los abuelos en la explicación de anécdotas de acciones de ayuda, cooperación, amistad, responsabilidad y cuidado de otros.

9.12. COLABORACIÓN.
RELACIÓN CON CUALQUIER ÁREA.
«AYUDAR A APRENDER.»

Saber dar ayuda y pedirla en el momento en que se necesite.

9.13 CORRESPONDENCIA ESCOLAR.
RELACIÓN CON LAS ÁREAS DE CIENCIAS SOCIALES Y LENGUA.
«POR UN MUNDO UNIDO.»

Establecer lazos de reciprocidad con alumnos de otros países a partir de la correspondencia (hermanamiento...) y del mutuo conocimiento y valoración de sus peculiaridades.

9.14. COMPETICIÓN DEPORTIVA Y EXPRESIÓN.
TAREA EN CASA Y RELACIÓN CON EL ÁREA DE EDUCACIÓN FÍSICA.
«BALONCESTO.»

Saber demostrar solidaridad delante de los errores de los otros y expresar palabras de ánimo.

9.15. ACTIVIDAD DEPORTIVA.
RELACIÓN CON EL ÁREA DE EDUCACIÓN FÍSICA.
«PISTA AMERICANA.»

Ayudar a los compañeros con menos capacidad o aptitudes físicas. Cuidar del material.

9.16. ACTIVIDAD DEPORTIVA.
RELACIÓN CON EL ÁREA DE EDUCACIÓN FÍSICA.
«EQUIPO DE AYUDA.»

Saber consolar, cooperar y ayudar a los otros cuando lo necesiten.

9.17.	LECCIÓN, REFLEXIÓN Y DIÁLOGO. RELACIÓN CON EL ÁREA DE LENGUA. «EL REGALO.»	Reflexionar sobre las actitudes de los personajes de la narración. Ver si se dan hoy día. Relacionarlas con otras similares que podemos tener en el centro escolar.
9.18.	REUNIÓN FESTIVA Y CONVERSACIÓN. ESPECÍFICA. «FIESTA DE CONVIVENCIA DE LOS JÓVENES Y LAS PERSONAS MÁS MAYORES.»	Cada alumno deberá valorar la importancia de la convivencia con la gente mayor de la población.
9.19.	ACCIONES DE AYUDA Y MANUALIDADES. TAREA EN CASA. ESPECÍFICA. «EL AMIGO INVISIBLE.»	Cada alumno ayudará anónimamente a otro compañero de su curso y con la ayuda de su familia le construirá un regalo.
9.20.	MURALES Y EXPOSICIONES. TAREA EN CASA. RELACIÓN CON LAS ÁREAS DE CIENCIAS SOCIALES Y EDUCACIÓN VISUAL Y PLÁSTICA. «EXPOSICIÓN: "DE CASA AL MUNDO".»	Los alumnos conjuntamente con su familia buscarán materiales e información para organizar una exposición con murales sobre otros mundos diferentes al suyo.
9.21.	EXPOSICIÓN. REDACCIÓN. RELACIÓN CON EL ÁREA DE CIENCIAS SOCIALES. «CONOZCAMOS EL BARRIO.»	Se elaborarán unos murales donde se recojan informaciones y gráficos sobre la organización del barrio y los servicios que contempla.
9.22.	FILMACIÓN. ENTREVISTAS. DOSSIER. FIESTA. RELACIÓN CON TODAS LAS ÁREAS. ESPECÍFICA. TAREA EN CASA. «FIESTA DE CONCLUSIÓN DEL PROGRAMA PROSOCIAL.»	A) Filmación de opiniones y aprendizajes de los alumnos sobre el programa. B) Elaboración de murales y dossiers recopilatorios. C) Acto festivo de conclusión entre familia y escuela.

FICHAS UPRO DEL FACTOR N.º 10: PROSOCIALIDAD COLECTIVA Y COMPLEJA

10.1.	LECTURAS. ESPECÍFICA Y RELACIÓN CON EL ÁREA DE LENGUA. «LECTURA DE NOTICIAS DEL TERCER MUNDO.»	Lectura colectiva, en clase, y con alguna periodicidad, de noticias de los países del Tercer Mundo. Se recomiendan los boletines que editan las ONG. Por ejemplo: «Actualidad Norte-Sur», redactado por 15 ONG. Tratar de penetrar en la complejidad de las situaciones de pobreza.

10.2. AUDIOVISUALES.
ESPECÍFICA.
«PELÍCULAS PARA LA NO
VIOLENCIA.»

Visionado de material audiovisual sobre cuestiones candentes de implicación mundial: pobreza en Tercer o Cuarto Mundo, destrucción de las reservas naturales para la subsistencia, etc. Presentar las causas reales y complejas.
Visionado de la película *Gandhi*; *Gritos de libertad* (Apartheid en Sudáfrica, etc.).
Mostrar la desobediencia civil, la no violencia.

10.3. LECCIÓN, EJERCICIO Y PUESTA
EN COMÚN.
RELACIÓN CON EL ÁREA DE
CIENCIAS SOCIALES.
«FUNDAMENTOS DE LA
CONVIVENCIA.»

Reconocer la necesidad de los valores prosociales para posibilitar y optimizar la convivencia social y en la familia y escribir qué responsabilidades se deben asumir.

10.4. REDACCIÓN.
ESPECÍFICA Y RELACIÓN CON EL
ÁREA DE LENGUA.
«CONSTRUYAMOS LA PAZ
ENTRE MI GRUPO Y EL TUYO.»

Los alumnos realizan una redacción en la que simulan la existencia de un conflicto con otro grupo. Después de una cierta reflexión, tratan de describir cómo lo resolverían.

10.5. ENTREVISTAS Y TAREA EN CASA.
ESPECÍFICA.
«¿QUÉ ACCIONES
PROSOCIALES COLECTIVAS
HAS VIVIDO?»

Se preparará una entrevista-tipo para hacer a familiares sobre situaciones que ellos hubieran vivido en donde se dio alguna gran acción prosocial colectiva.

10.6. *ROLE PLAYING* Y DIBUJO.
ESPECÍFICA.
«LA ISLA.»

Observar la prosocialidad que existe en una situación de cooperación.

10.7. ANÁLISIS DE ALTERNATIVAS.
ESPECÍFICA.
«PERDIDOS EN LA LUNA.»

Los alumnos, en grupos, llegarán a un acuerdo sobre el orden de prioridad que adjudicarán a diferentes objetos que poseen para sobrevivir en la Luna.

10.8. TAREA EN CASA, ACCIONES
COMUNITARIAS.
RELACIÓN CON EL ÁREA DE
CIENCIAS SOCIALES.
«COOPERAR MEJOR QUE
COMPETIR.»

Los alumnos, preguntando a sus familias, escribirán por grupos cosas que se han conseguido gracias a la colaboración entre las personas, países u organizaciones.

10.9. SESIONES DEL CLAUSTRO DE PROFESORES. ESPECÍFICA. «¿NUESTRO CLAUSTRO ES PROSOCIAL?» «¿SIRVE ESTE PROGRAMA PROSOCIAL A NUESTRAS RELACIONES?»

Sobre el nivel de prosocialidad que se da en la escuela, sobre todo en las interacciones de los mismos profesores, etc.

Podría haber una primera fase por escrito, de forma quizás anónima, en base a los siguientes puntos:

1) Mejoras experimentadas en la escuela y en la relación entre compañeros (profesores).
2) Aspectos todavía por resolver desde la prosocialidad.
   Debate ordenado en que haya un moderador escogido previamente por todos, y que trate de evitar que se pase a la denuncia personalizada.

10.10. SESIONES FAMILIARES DE ANÁLISIS Y PARTICIPACIÓN. TAREA EN CASA. ESPECÍFICA. «NUESTRA FAMILIA, ¿ES PROSOCIAL?»

El alumno pide a su familia poder reunirse para comentar abiertamente sobre cómo se relaciona la familia con otras familias o grupos, especialmente atender a aquello que tenga carácter de ayuda, solidaridad, etc.

SEGUNDA PARTE

DIGNIDAD, AUTOESTIMA Y HETEROESTIMA

El yo. El otro. El tú. El entorno. Lo colectivo. La sociedad.

OBJETIVO

Comprobar las actitudes existentes en el aula respecto a los valores, especialmente los de la dignidad, estima del otro y prosocialidad, para promover una optimización de tales actitudes como base para la realización del programa.

ASPECTOS A TRABAJAR

Las actividades y trabajos así como la intencionalidad de las actitudes del educador se centrarán en los temas siguientes:

Derechos humanos. Racismo.
Dignidad y autoestima.
Disminuciones físicas y psíquicas. Vejez.
Consideración, heteroestima y prosocialidad.

FUNDAMENTOS DE ESTA VARIABLE

El concepto de «dignidad de la persona» nos remite a la reflexión de que por el mero hecho de pertenecer a la humanidad, el sujeto ya es merecedor de una consideración, un honor y un respeto. Estamos ante un valor inherente a la persona y la educación constituye la vía esencial para presentarlo, avalarlo, y estimular su aplicación a la vida real de cada día.

Si el alumno percibe que los adultos que le rodean (padres, familiares, educadores) le consideran como un ser digno y vive la experiencia de sentirse rodeado de un clima de interacciones dignificantes, aprenderá también a mirar al otro como un ser digno.

De este modo alcanzará la noción de dependencia de unos y otros, recíprocamente, para asegurar esta consideración y podrá sentirse motivado a aceptar y querer a los demás.

El concepto «autoestima» se refiere a la percepción y juicio de valor que cada uno hace de sí mismo en relación a atributos positivos deseados, teniendo en cuenta pensamientos y recuerdos de los propios recursos, capacidades, actitudes y conductas.

La autoestima es importante y necesaria porque proporciona satisfacción y seguridad personal, necesarios para concentrar toda la energía y recursos personales en participar activa y positivamente en la vida.

Si la autoestima es tan importante y depende, tanto en su origen como en su consolidación, de las actitudes y conductas de los demás, es lógico que se considere necesario estimular la heteroestima, fuente de la autoestima de los demás, e incluso propia.

Un vehículo privilegiado para expresar la heteroestima es la confirmación del «tú» o del «otro».

En la etapa de la edad que nos ocupa, los profesores han de prever una preparación consciente de los cambios físicos, mentales y emocionales que van a experimentar los alumnos, de modo que el papel preponderante que el aspecto físico va a tener no tenga efectos perturbadores sobre la autoestima y la heteroestima.

El alumno habrá de saber aceptar que hay individuos mejor dotados que él y otros menos. El profesor habrá de intervenir delicadamente cuando se entrevean problemas de integración o marginación de alguien, alabando la capacidad de los grupos de aceptar a nuevos miembros como prueba de madurez de las personas que lo componen y como experiencia de apertura y enriquecimiento.

Se promoverán los valores de la amistad y se resaltará la importancia de los amigos íntimos como experiencia enriquecedora para la seguridad y la autoestima.

Pero, sobre todo, es esencial, en este programa, preparar a los adolescentes para que asuman de modo muy consciente las leyes y funcionamiento de las relaciones interpersonales en su vertiente confirmadora de la autoestima.

Entendemos que se habrán conseguido los objetivos cuando la aplicación de esta sensibilidad se haya realizado con minorías respecto a las cuales está más amenazada: personas de otras razas, o con discapacidades o incluso respecto a la ancianidad, en donde los atributos que caracterizan a los individuos de más prestigio en la sociedad actual, eficiencia, utilidad, belleza, salud, son menos visibles.

Alcanzada esta sensibilidad no discriminadora y valorizante, con respecto a algunas de estas colectividades, es ya muy probable su generalización a otras poblaciones.

NOMBRE DE LA ACTIVIDAD	PRESENTACIÓN DEL PROGRAMA AL ALUMNADO
TIPO DE ACTIVIDAD	*Específica.* *Tarea en casa.*
OBJETIVO	Saber justificar, con la terminología apropiada a su edad, las ventajas de los comportamientos prosociales de cara a una convivencia humana más cooperativa y solidaria, en la que no tenga cabida la violencia.
SESIONES	1
LUGAR	Aula o sala de audiovisuales
ESTRUCTURA DE LA CLASE	Grupo de clase
MATERIAL	Según el nivel

DESARROLLO DE LA ACTIVIDAD:

Es muy importante, antes de empezar con la aplicación de las actividades propias del programa de prosocialidad, dedicar una sesión a la presentación explícita del mismo.

El tutor intentará darle un aire de solemnidad, para que los alumnos puedan captar la importancia de la experiencia que van a empezar. Si es posible, hará venir a alguien externo (inspector, director, jefe de estudios, etc.) para apoyar con su presencia la solemnidad de la sesión, que incluso se puede hacer conjuntamente con otros cursos que también participen en el programa, haciendo hincapié en la repercusión y difusión en casa con sus familiares.

A pesar de que no es necesario usar un material específico, la presentación de la experiencia puede resultar más amena con la proyección de alguna serie de diapositivas o vídeos que evidencien las consecuencias negativas que comportan las conductas agresivas, egocéntricas y, en general, no prosociales.

OTRAS VARIABLES IMPLICADAS. Todas.

NOMBRE DE LA ACTIVIDAD	PRESENTACIÓN DEL PROGRAMA A LAS FAMILIAS Y AL ALUMNADO
TIPO DE ACTIVIDAD	*Charla en el centro escolar.*
OBJETIVO	Informar de la realización del plan de aplicación de la prosocialidad en la escuela. Motivar a los padres a colaborar en la realización de ciertas actividades que les propondrán sus hijos. Justificar las ventajas de los comportamientos prosociales de cara a una convivencia humana más cooperativa y solidaria, en la que no tenga cabida la violencia. Mostrar también las ventajas que supone para la educación integral de las personas.
SESIONES	1
LUGAR	Salón de actos
ESTRUCTURA DE LA CLASE	Grupo de clase con sus respectivas familias
MATERIAL	Según el nivel

DESARROLLO DE LA ACTIVIDAD:

Es muy importante, antes de empezar con la aplicación de las actividades propias del programa de prosocialidad, dedicar una sesión a la presentación explícita del mismo a los padres. A la misma será interesante que puedan asistir también los alumnos que lo deseen. Habrá que contar con un buen coordinador para moderar la participación activa de unos y otros después de la charla.

Se remitirá una carta breve a los padres en la que se anunciará el inicio de un proyecto educativo que tiene mucho interés para sus hijos y para la entera comunidad educativa escolar (*véase* página siguiente).

En la charla se expondrán los puntos principales del proyecto, remarcando especialmente su carácter internacional, su carácter voluntario en el que los alumnos son protagonistas de una experiencia que ha de introducir cambios importantes no sólo en las ideas sino también en la vida y en la que los maestros se proponen ser los primeros en tratar de actuarla.

Se justificarán las ventajas de las conductas prosociales y sus efectos positivos y multiplicadores de cara a una convivencia humana en que la dignidad del hombre venga considerada por encima de cualquier otro tipo de interés, con la consecución de un mayor grado de civismo, solidaridad y cooperación, sea a nivel interpersonal como intergrupos o internacional.

En este último sentido, se hará notar que están por empezar una experiencia en la que chicos y chicas de otros países también participan, para que se sientan formar parte de un colectivo de personas que en todo el mundo se han propuesto buscar vías de comportamiento alternativas a la agresividad y a la competitividad, cuyos resultados negativos ya se conocen bien.

EJEMPLO DE CARTA:

Fecha

Muy estimados padres:

El programa de prosocialidad que durante este año se va a llevar a cabo en nuestra escuela necesita una cierta colaboración de los padres. Es por este motivo que les convocamos a la reunión que tendrá lugar el próximo día .... a las .... en el salón de actos de la escuela.

Hará la presentación del programa el profesor
....
Asistirán también todos aquellos alumnos de secundaria que lo deseen.

El tema de la reunión será:
«TELEVISIÓN, VIOLENCIA Y PROSOCIALIDAD»
1. La agresividad y violencia hoy.
2. ¿Qué haremos en la escuela?
3. ¿Qué podemos hacer en casa?
4. Beneficios para nuestros hijos.

Confiando que les interesará el tema, esperamos su asistencia y colaboración.

Firma

OTRAS VARIABLES IMPLICADAS. Todas.

NOMBRE DE LA ACTIVIDAD	EN EL PATIO DEL CENTRO ESCOLAR
TIPO DE ACTIVIDAD	*Específica.* *Relacionada con el área de LENGUA.*
OBJETIVO	Reflexionar sobre la importancia de determinados momentos de nuestra vida.
SESIONES	1
LUGAR	Aula
ESTRUCTURA DE LA CLASE	Grupo de clase
MATERIAL	Artículo de Víctor M. Amela

DESARROLLO DE LA ACTIVIDAD:

Después de hacer una lectura individual del artículo de Víctor M. Amela, se abrirá un debate entre los alumnos, donde, además de los aspectos lingüísticos, el profesor centrará la importancia crucial de determinados momentos de la vida de cada uno, de la inconsciencia de los demás sobre esos momentos.

De ello se podrá deducir que todos nuestros actos pueden tener consecuencias críticas para los demás y que el medio de evitarlo es el producir abundancia de acciones prosociales.

Con ellas tenemos la posibilidad de «cubrir» si no borrar otras acciones negativas. También una acción prosocial puede ser fundamental para que una persona discriminada, marginada, recobre la confianza de vivir.

OTRAS VARIABLES IMPLICADAS. Comunicación y revelación de sentimientos. Asertividad.

EN EL PATIO DEL COLEGIO DE MIS COMPAÑEROS

«EN EL PATIO DEL COLEGIO SE VIVEN algunas de las experiencias fundamentales de la existencia. Las carreras, los cromos, los juegos, el fútbol, los urinarios, las peleas: es un universo del que aprendemos los rudimentos del gregarismo, los secretos de sectarismos y banderías, la rabia de la derrota, la euforia de la victoria. Ahí afloran liderazgos, se perpetran humillaciones y venganzas, se forjan odios y brotan heroísmos.

Si cada uno buceara en sus años de patio de colegio, descubriría decenas de episodios cruciales que prefiguran ulteriores pasajes de su vida. Sería un revelador trabajo de reunir los recuerdos que del patio de colegio atesoran nuestros prohombres.

Un patio de colegio es una olla de presión de la humanidad, sobre todo de irracionalidad, miseria y mezquindad y de las extremas posibilidades de la crueldad. Puedo recordar que a los 7 años ya se practica el ostracismo con brutal impiedad. Recuerdo a un compañero que cayó en desgracia por alguna cosa —parecía más pobre, su cabello estaba rapado al uno, se le notaba desvalido, más tímido, no sé, es igual— y cuya existencia convertimos en un viacrucis de refinadas mortificaciones. El grupo le despreciaba ostensiblemente y se le trataba como a un leproso en el siglo I. Naturalmente, nunca era requerido para juego alguno.

Del ostracismo se pasó luego a la agresión: un empujón, una colleja, un golpe. Cada una de estas acciones era jaleada por los que las presenciábamos y rematadas por abucheos colectivos. Él lo soportaba todo con doliente mutismo e intentaba zafarse, pero no recuerdo que nunca se revolviera violentamente.

Un día, en uno de esos abucheos corales, alguien dio una patada a la cartera del chaval, una cartera muy fea y pobre con un asa de baquelita marrón. Ninguno de nosotros tenía una cartera tan burda con un asa tan simple, dura e incómoda. Al caer la cartera oí el sonido que produjo el asa de baquelita contra el suelo: "Clac". Ese ruido mínimo y seco se filtró entre el abucheo y me conmocionó. Ese ridículo sonido, tan absurdo y patético, me despertó: noté una oleada de compasión. Mientras el chico se agachaba a recogerla, vi de súbito a su madre dándole la cartera con su asa de baquelita y despidiéndole con el mismo cariño con que mi madre me despedía a mí cada mañana. Y me invadió una pena inmensa.

Abucheos y malos tratos siguieron ante mi miserable y culpable silencio. Un gesto de defensa, claro, habría desviado la infamia del grupo hacia mí: el silencio era toda mi valentía. Entonces intuí la facilidad con que se contagia la maldad, instalada en el miedo y en la cobardía («mientras le abucheas a él, no te abuchean a tí»), la comodidad de la ruindad colectiva.

Los años demuestran que una enseñanza así, de patio de colegio, es irrefutable. Y otro episodio de la misma época me descubrió con horror que la vida de los adultos, la de ahí afuera, no sería muy diferente de la del patio de colegio. Es éste: en el patio, los balones de fútbol cruzaban en el aire como balas de cañón que amenazaban con decapitar a los que no interveníamos en los cuatro o cinco partidos que se disputaban simultáneamente. Era un sobresalto continuo, un espanto. Yo odiaba aquel deporte. Un día, en casa, mi padre veía por televisión un partido de fútbol. Me coloqué a su lado, miré y entonces creí ver que aquellos jugadores eran personas adultas. Le pregunté a mi padre sorprendido. Me lo confirmó: ¡por supuesto que eran personas mayores! Aquello me trastornó: hasta ese momento, yo estaba convencido de que sólo los niños en el patio de colegio jugaban a aquel deporte de locos.»

1.3

NOMBRE DE LA ACTIVIDAD	TÍTULOS DE LIBROS
TIPO DE ACTIVIDAD	*Específica.*
OBJETIVO	Hacer una lista de títulos de libros con su autor correspondiente, según expresen valores positivos o valores negativos.
SESIONES	1
LUGAR	Biblioteca del centro
ESTRUCTURA DE LA CLASE	Alumnos distribuidos en parejas
MATERIAL	Hoja, bolígrafo y libros de la biblioteca

DESARROLLO DE LA ACTIVIDAD:

La actividad se realizará en la biblioteca del centro escolar.

Los alumnos se distribuirán por parejas para hacer la siguiente tarea:

Hacer una lista de libros (título y autor) que expresen valores positivos y otra lista de libros que expresen valores negativos en sus títulos.

Al terminar de hacer las listas, cada pareja de alumnos leerá en voz alta su clasificación.

Se iniciará una conversación sobre el por qué un título nos puede transmitir un valor negativo o positivo.

Finalmente, se prepararán dos listas para colgar en el mural del aula: la de los valores positivos y la de los negativos.

OTRAS VARIABLES IMPLICADAS. Comunicación. Actitudes de relación interpersonal.

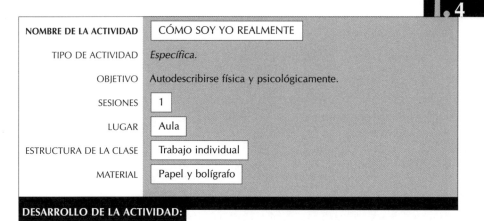

NOMBRE DE LA ACTIVIDAD	CÓMO SOY YO REALMENTE
TIPO DE ACTIVIDAD	*Específica.*
OBJETIVO	Autodescribirse física y psicológicamente.
SESIONES	1
LUGAR	Aula
ESTRUCTURA DE LA CLASE	Trabajo individual
MATERIAL	Papel y bolígrafo

DESARROLLO DE LA ACTIVIDAD:

En una hoja de papel en cuya cabecera figura su propio nombre, cada alumno hará una autodescripción tanto a nivel físico como psicológico.

Esta actividad es de una gran utilidad para el profesor para saber el nivel de autoestima de cada uno de sus alumnos y detectar los casos susceptibles de ayuda.

OTRAS VARIABLES IMPLICADAS. Comunicación y expresión de sentimientos.

NOMBRE DE LA ACTIVIDAD	COMPOSICIÓN LITERARIA
TIPO DE ACTIVIDAD	*Relacionada con el área de LENGUA.*
OBJETIVO	Realizar una composición escrita con respecto a la dignidad humana.
SESIONES	1
LUGAR	Aula
ESTRUCTURA DE LA CLASE	Grupo de clase
MATERIAL	Cuaderno de lengua y bolígrafo

DESARROLLO DE LA ACTIVIDAD:

El profesor hará referencia al tema de la dignidad de los seres humanos, que los alumnos estarán tratando en las otras sesiones de prosocialidad (debe por tanto coordinarse con los otros profesores), y les propondrá la realización de una composición literaria tanto en prosa como en verso, a su elección, sobre el mismo. Les dejará un tiempo de 20 minutos.

Al acabar, cada alumno leerá su composición en voz alta a los compañeros. El profesor valorará positivamente todos los trabajos, bien de manera global, bien destacando algún aspecto en particular señalado por cada alumno.

Posteriormente, los alumnos escogerán las cinco composiciones mejores, que se publicarán en la revista escolar junto con una nota introductoria del profesor en que explicará el motivo prosocial de esta actividad realizada por los alumnos, a fin de que sirva de instrumento de sensibilización para toda la comunidad escolar (en caso de no existir revista escolar, pueden ser transcritas en limpio y fotocopiadas para hacerlas circular por las otras clases).

OTRAS VARIABLES IMPLICADAS. Valoración positiva del comportamiento de los demás. Expresión de los propios sentimientos. Creatividad.

NOMBRE DE LA ACTIVIDAD	EXPOSICIÓN ARTÍSTICA-PLÁSTICA SOBRE LA DIGNIDAD DE LA PERSONA
TIPO DE ACTIVIDAD	*Relacionada con el área de EDUCACIÓN VISUAL Y PLÁSTICA.*
OBJETIVO	Plasmar en un trabajo artístico-plástico sus sentimientos sobre la igualdad de dignidad y derechos de todas las personas y explicar el significado de su trabajo.
SESIONES	1
LUGAR	Aula o taller de plástica
ESTRUCTURA DE LA CLASE	Grupo de clase
MATERIAL	A escoger por cada alumno

DESARROLLO DE LA ACTIVIDAD:

El profesor de plástica habrá anunciado con antelación a los alumnos el día en que se desarrollará esta actividad, de manera que cada uno haya podido abastecerse del material necesario, según sus propias preferencias, para realizar el trabajo.

Éste consistirá en que cada alumno exprese de manera artística, mediante una técnica de expresión plástica a su elección (dibujo, acuarela, plastilina, *collage*, etc.), sus propios sentimientos y deseos acerca de la igualdad de derechos y de dignidad de todos los seres humanos.

Al terminar, cada alumno comentará y explicará el significado de su obra al resto de la clase. Como en todas las actividades de este tipo, el profesor reforzará verbalmente, mediante una valoración positiva, todas las obras.

Éstas quedarán expuestas en el aula, en el taller o en los pasillos del centro escolar, durante dos o tres días, de manera que todos los compañeros de otras clases y el resto del profesorado puedan visitarlas en horarios determinados.

Los mismos alumnos «artistas» establecerán turnos entre ellos para acoger a los compañeros visitantes y explicarles sus trabajos y la finalidad de la exposición (sensibilizar a toda la comunidad educativa sobre el problema de la discriminación de las personas por su raza u otros elementos diferenciadores: nivel económico, sexo, ideas, religión).

Si el nivel de los trabajos de los alumnos es alto y otras clases paralelas realizan la misma actividad, puede hacerse una exposición mayor e invitar incluso a los padres y familiares de los alumnos a visitarla.

OTRAS VARIABLES IMPLICADAS. Comunicación de los propios sentimientos. Creatividad. Prosocialidad colectiva y compleja.

NOMBRE DE LA ACTIVIDAD	CANCIONES SOBRE LA DIGNIDAD HUMANA
TIPO DE ACTIVIDAD	*Relacionada con el área de MÚSICA.*
OBJETIVO	Escuchar una o varias canciones sobre el tema en cuestión, comentarlas y cantar juntos alguna de ellas.
SESIONES	1
LUGAR	Aula o sala de audiciones
ESTRUCTURA DE LA CLASE	Grupo de clase
MATERIAL	Magnetófono y cintas con canciones elegidas

DESARROLLO DE LA ACTIVIDAD:

El profesor presentará a los alumnos una o varias canciones que pongan en evidencia la dignidad e igualdad de todos los hombres y mujeres. Les preparará a la audición de las mismas insistiéndoles en la importancia del mensaje que encierran, de manera que presten atención a la letra a fin de que puedan captar plenamente lo que el autor pretende transmitir en ellas.

Al acabar la audición de cada canción, el profesor sondeará mediante unas cuantas preguntas breves si realmente se ha captado el mensaje. Posteriormente, propondrá a los alumnos aprender una de ellas a su elección para cantarla juntos. Intentará que en todo momento la actividad se mantenga en un clima que, al mismo tiempo que distendido, sea digno, haciendo notar a los alumnos que han de cooperar también en ese momento con él y entre ellos para que la canción se cante lo mejor posible (incluso puede grabarla, a fin de motivar aún más el interés de los alumnos para que salga bien, escuchándola al acabar, de manera que se puedan corregir posibles fallos de entonación, ritmo, etc.).

Al final, felicitará a los alumnos por la sensibilidad mostrada al saber captar el mensaje de las canciones y por la colaboración para que la canción fuese cantada correctamente.

OTRAS VARIABLES IMPLICADAS. Cooperación.

Canciones modelo:

OTRA HUMANIDAD (GEN ROSSO)

¿A dónde iremos a parar si seguimos así?
No existe ya vergüenza, ni siquiera pudor.
Continua violencia, escándalos por doquier.
¿Dónde se ha ido todo gran ideal?

Conozco otra humanidad,
la que a menudo encuentro por la calle,
la que nunca grita y no sobresale
por encima de la otra gente.

El mundo hoy a veces se presenta un poco oscuro,
importa solamente la noticia cruda y dura.
Se vive a costa de otros, se abusa del más débil,
¿y quién podrá mostrarme la verdadera humanidad?

Conozco otra humanidad,
la que no estafa nunca a su vecino,
y sabe ganarse el pan cotidiano
con sus propias manos.

Creo, creo en esta humanidad.
Creo, creo en esta humanidad
que vive en el silencio,
que sabe perdonar, que sufre,
que sonríe y se conmueve,
y que quiere construir
la nueva humanidad.

Conozco otra humanidad,
la que avanza contra la corriente,
la que está dispuesta a dar toda su vida
y morir por la propia gente.
Conozco otra humanidad,
la que no piensa sólo en sí misma,
pues es muy consciente
que hay mucha gente
que de hambre muere.
Creo, creo en esta humanidad.

Creo, creo en esta humanidad,
que rompe las barreras,
que paga con la vida,
sin usar las armas,
por un mundo nuevo.
Ésta es la humanidad
que cree en el amor.

Creo, creo en esta humanidad.
Creo, creo en esta humanidad,
que rompe las barreras,
que paga con la vida,
sin usar las armas,
por un mundo nuevo.
Ésta es la humanidad
que cree en el amor.
Ésta es la humanidad
que cree en el amor.

HOLOCAUSTO DE LA LIBERTAD (GEN ROSSO)

**Apartheid, increíble locura;
apartheid, una lenta agonía;
apartheid, ¿cuándo acabará
el holocausto de la libertad?**

John está muy cansado,
mas debe seguir caminando,
a él le está prohibido
subir al autobús porque negro es.

De repente sucede algo extraño,
siente un silencio de guerra,
y en ese momento
alguien le llama,
ya está rodeado,
la víctima es él.

A John no le da vergüenza
tener una piel distinta,
pero la furia blanca de la ciudad
lo insulta y golpea sin cesar.

Una ley caduca y cruel
le obliga a sufrir en silencio;
sangriento y odiado
como perro sarnoso
se siente morir,
para él no hay piedad.

**Increíble locura,
una lenta agonía,**

**¿cuándo acabará
el holocausto de la libertad?**

Herido por dentro y por fuera,
John regresa a su casa,
se esconde deprisa
en su habitación,
pues nadie debe sufrir por él.

John no quiere odiar más
porque está convencido
que las cadenas de esta opresión
con la no violencia se romperán.

**Increíble locura,
una lenta agonía,
¿cuándo acabará
el holocausto de la libertad?**

Muchos como él conocemos,
que viven en nuestro barrio,
gente que sufre en silencio
y está marginada como está John.

No son sólo los negros,
hablemos de refugiados,
inmigrantes, gitanos y ancianos
que hoy sufren también
la segregación.

**Apartheid, increíble locura;
apartheid, una lenta agonía;
apartheid, ¿cuándo acabará
el holocausto de la libertad?**

CADA HOMBRE VALE (GEN ROSSO)

Cada hombre es
como un instante del tiempo,
que viene, ha sido
y ya no se repetirá nunca más.

Cada hombre tiene un valor inmenso
que nada ni nadie
podrá comprar jamás.

No es la piel, no es el pobre vestido,
no es la edad, no es su dinero
lo que te dirá
cuánto vale un hombre.

Cada hombre vale
cuanto otro hombre;
cada hombre vale
lo que nosotros mismos.
Si un hombre llora,
tú lloras, llora con él;
si un hombre ríe,
ríe, ríe tú con él.

Así se comparte el dolor
y se multiplica la alegría.

1.8

NOMBRE DE LA ACTIVIDAD	DERECHOS HUMANOS
TIPO DE ACTIVIDAD	*Relacionada con el área de CIENCIAS SOCIALES.*
OBJETIVO	Reflexionar sobre las coincidencias entre los derechos enunciados en uno y otro textos e indicar por escrito los que a su parecer son más importantes.
SESIONES	1
LUGAR	Aula
ESTRUCTURA DE LA CLASE	Grupo de cuatro alumnos
MATERIAL	Libros o fotocopias de la «Declaración Universal de los Derechos Humanos» de 1948 y de la Constitución española de 1978, cuadernos, folios, lápices, bolígrafos, rotuladores de trazo grueso, chinchetas o cinta adhesiva.

DESARROLLO DE LA ACTIVIDAD:

El profesor leerá en voz alta el artículo 2.1 de la «Declaración Universal de los Derechos Humanos» y los artículos 10 y 14 de la Constitución española. Posteriormente, preguntará a los alumnos qué coincidencias encuentran entre el contenido de ambos documentos.

Una vez obtenidas las respuestas del reconocimiento en ambos de la misma dignidad para todas las personas humanas, les dirá que disponen de 20 minutos para elaborar, en grupos de cuatro, una lista de los que a ellos les parece sean los derechos más importantes de toda persona humana.

A continuación, un portavoz de cada grupo leerá las conclusiones respectivas al resto de la clase, de las que el profesor irá tomando nota en la pizarra a fin de confeccionar una lista resumen.

Acabada la lectura de las conclusiones, cada alumno copiará en un folio con letras gruesas (rotulador) uno de los derechos especificados en la pizarra. Al final, se colgarán los folios ordenadamente en una pared o panel de la clase.

OTRAS VARIABLES IMPLICADAS. Resolución de la agresividad. Prosocialidad colectiva y compleja.

NOMBRE DE LA ACTIVIDAD	¿RACISTAS NOSOTROS?
TIPO DE ACTIVIDAD	*Específica.* *Tarea en casa.*
OBJETIVO	Expresar por escrito, tras haber reflexionado conjuntamente sobre el tema, qué actitudes suyas piensan que deberían cambiar frente a las personas de raza distinta a la propia.
SESIONES	2
LUGAR	Aula y familia
ESTRUCTURA DE LA CLASE	Grupo de clase
MATERIAL	Cuaderno y bolígrafo

DESARROLLO DE LA ACTIVIDAD:

A) Como tarea en casa, el profesor propondrá que cada alumno, ayudado por su familia, busque noticias, ya sean escritas en el periódico o revistas, o divulgadas oralmente en la televisión y en la radio, acerca del tema del racismo, sus implicaciones y consecuencias.

B) En la siguiente sesión en el aula, cada alumno escogerá y leerá en voz alta una noticia con la finalidad de que todos caigan en la cuenta de que el racismo no es un problema que se limita solamente a países donde legalmente se practicaba el apartheid, sino que es una actitud que se da de hecho en nuestro país y, probablemente, en nosotros, por lo que hemos de hacer todo lo posible para liberarnos de ella.

Una vez leídas, se abrirá un debate de 20 minutos sobre el tema, que el profesor motivará con preguntas como:

— ¿Les parece que la situación que nos presentan las noticias leídas está de acuerdo con la «Declaración Universal de los Derechos Humanos» o con nuestra propia Constitución?
— ¿Habían pensado alguna vez que en nuestro país existe el racismo?
— ¿Con qué otros grupos étnicos se da una situación de discriminación?
— ¿Alguno de ustedes conoce algún caso que pueda estar reflejado en la situación presentada?
— ¿Creen que ustedes tienen la misma actitud frente a personas de su raza que frente a las de razas diferentes?

Acabado el debate, el profesor dejará 15 minutos para que los alumnos escriban en sus cuadernos una reflexión personal sobre este problema y, concretamente, les pedirá que expongan por escrito con sinceridad qué actitudes han descubierto en ellos que deberían cambiar a este respecto.

Pasado ese tiempo, se hará una puesta en común de las reflexiones escritas por cada uno de ellos. El profesor reforzará verbalmente todas las intervenciones.

OTRAS VARIABLES IMPLICADAS. Valoración positiva del comportamiento de los demás. Expresión de los propios sentimientos. Prosocialidad colectiva.

NOMBRE DE LA ACTIVIDAD	CONSERVEMOS LA NATURALEZA
TIPO DE ACTIVIDAD	*Relacionada con el área de CIENCIAS EXPERIMENTALES. Tarea en casa.*
OBJETIVOS	- Buscar noticias a favor y en contra de la dignidad del medio ambiente. - Hacer una lista de acciones que se pueden hacer para mejorarlo. - Organizar una campaña de sensibilización.
SESIONES	Dos, más la duración de la campaña
LUGAR	Aula y entorno
ESTRUCTURA DE LA CLASE	Grupo de clase
MATERIAL	Noticias, mural y papel

DESARROLLO DE LA ACTIVIDAD:

Los alumnos buscarán en los periódicos o revistas noticias a favor y en contra de la conservación del medio ambiente.

Con todas ellas se hará un mural.

Paralelamente, se hará una lista-mural de 20 acciones, que estén dentro de sus posibilidades reales, que pueden llevar a cabo para mejorar y mantener el medio ambiente.

De aquí saldrá toda una campaña organizada desde el centro para sensibilizar a las familias de la necesidad de conservar y mejorar el entorno.

Esta campaña podría consistir, por ejemplo, en limpiar algún lugar público, hojas informativas, recogida de material selectivo: papel, vidrio, pilas, etc.

OTRAS VARIABLES IMPLICADAS. Creatividad e iniciativa. Prosocialidad colectiva y compleja.

NOMBRE DE LA ACTIVIDAD	PRIORIZACIÓN DE VALORES Y OBJETIVOS PERSONALES
TIPO DE ACTIVIDAD	*Específica.*
OBJETIVO	Escribir valores, metas, intereses y objetivos personales y ordenarlos por orden de preferencia.
SESIONES	1
LUGAR	Aula
ESTRUCTURA DE LA CLASE	Individual y grupo de clase
MATERIAL	Hoja y bolígrafo

DESARROLLO DE LA ACTIVIDAD:

Cada alumno, individualmente, escribirá sobre los valores, metas, intereses y objetivos que tenga y los ordenará según su importancia o preferencia.

En la posterior puesta en común y debate se reflexionará sobre dónde figura la «dignidad del otro» y, sobre todo, «la estima del otro» y la «prosocialidad».

Se confeccionará un mural con las conclusiones acordadas por todos.

OTRAS VARIABLES IMPLICADAS. Comunicación y expresión de sentimientos.

1.12

NOMBRE DE LA ACTIVIDAD	ACOGIDA DE OTROS JÓVENES
TIPO DE ACTIVIDAD	*Tarea en casa.* *Específica.*
OBJETIVO	Animarse a realizar la experiencia de acoger a otros jóvenes que se sienten con una baja autoestima.
SESIONES	Tiempo sin determinar
LUGAR	Fuera del centro escolar
ESTRUCTURA DE LA CLASE	Grupos estables de alumnos
MATERIAL	No es preciso material específico

DESARROLLO DE LA ACTIVIDAD:

El profesor tratará de animar a los distintos grupos ya estables de amigos para que acojan e incorporen con ellos a otros jóvenes, que pueden ser o no del mismo centro escolar, que se sienten con una baja autoestima.

OTRAS VARIABLES IMPLICADAS. Empatía. Valoración de lo positivo en el comportamiento de los demás. Ayudar.

89

NOMBRE DE LA ACTIVIDAD	CAMBIOS EN LA PREADOLESCENCIA
TIPO DE ACTIVIDAD	*Específica.*
OBJETIVO	Desdramatizar y favorecer la comprensión de los cambios físicos y psíquicos que se producen en la preadolescencia.
SESIONES	1
LUGAR	Aula
ESTRUCTURA DE LA CLASE	Grupo de clase
MATERIAL	No es preciso material específico

DESARROLLO DE LA ACTIVIDAD:

El profesor preparará una lección, que puede ser con la ayuda de un grupo de alumnos, que tratará sobre los cambios físicos y psíquicos que se dan en la preadolescencia, desdramatizándolos, mostrando la existencia de diferentes ritmos en este desarrollo y favoreciendo la comprensión de las diferencias en el desarrollo y la aceptación de sí mismo y del otro.

OTRAS VARIABLES IMPLICADAS. Comunicación y expresión de sentimientos. Valoración de lo positivo en el comportamiento de los demás.

NOMBRE DE LA ACTIVIDAD	DIGNIDAD EN LA VEJEZ
TIPO DE ACTIVIDAD	*Específica.*
OBJETIVO	Reflexionar sobre la experiencia de la vejez, tratando de sentir empáticamente cómo afectan ciertos sentimientos de soledad, disminución de ciertas capacidades, depender de otros.
SESIONES	1
LUGAR	Aula
ESTRUCTURA DE LA CLASE	Grupo
MATERIAL	Cuaderno de prosocialidad

DESARROLLO DE LA ACTIVIDAD:

Los alumnos expresarán las anotaciones que realizaron en el cuaderno de prosocialidad, sobre la entrevista que hicieron a sus abuelos (ficha 1.16), especialmente referidos a ciertas características de esa etapa de la vida: mayor conocimiento y experiencia, más soledad, más dependencia de los demás, menores capacidades en ciertas áreas, etc.

El debate a continuación focalizará una noción muy importante: que todos esos elementos no deberían disminuir en absoluto la consideración y atribución de dignidad a la persona.

OTRAS VARIABLES IMPLICADAS. Empatía.

1.15

NOMBRE DE LA ACTIVIDAD	ENVEJECER
TIPO DE ACTIVIDAD	*Relacionada con el área de CIENCIAS SOCIALES o CIENCIAS EXPERIMENTALES.*
OBJETIVO	Dar a conocer el proceso de envejecimiento desde el punto de vista biológico, pero salvando los aspectos psicológicos que pueden, en cambio, mejorar o aumentar.
SESIONES	1
LUGAR	Aula
ESTRUCTURA DE LA CLASE	Grupo de clase
MATERIAL	Papel y bolígrafo

DESARROLLO DE LA ACTIVIDAD:

Antes de iniciar el profesor una lección sobre el proceso de envejecimiento, invitará a los alumnos a que hagan una lista de aspectos que ellos creen que empeoran y otra de los que creen que mejoran en la vejez. También puede ser una redacción.

Después, en la lección, el profesor se servirá de la lectura pública de toda la producción de los alumnos para determinar cómo no siempre los procesos biológicos de deterioro condicionan una disminución de otros psicológicos.

Puede realizarse esta ficha después de la 1.16 que ha promovido una interacción de los chicos con sus abuelos sobre una temática similar.

OTRAS VARIABLES IMPLICADAS. Dignidad.

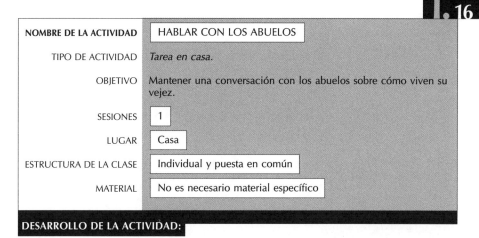

NOMBRE DE LA ACTIVIDAD	HABLAR CON LOS ABUELOS
TIPO DE ACTIVIDAD	*Tarea en casa.*
OBJETIVO	Mantener una conversación con los abuelos sobre cómo viven su vejez.
SESIONES	1
LUGAR	Casa
ESTRUCTURA DE LA CLASE	Individual y puesta en común
MATERIAL	No es necesario material específico

DESARROLLO DE LA ACTIVIDAD:

Cada alumno mantendrá una conversación con sus abuelos, donde se expresarán cómo se sienten en su vejez, resaltando los aspectos positivos, aunque sincerándose en aquellos aspectos que se encuentren menos favorecidos.

De esta manera se quiere conseguir que los abuelos se den cuenta de los aspectos positivos que tiene su propia vejez y al ver en el nieto un interlocutor interesado por sus deseos, necesidades y esperanzas se propiciará un ambiente de comunicación y valoración positivo.

Una vez en el aula se podrá hacer una puesta en común de las distintas sensaciones y experiencias que cada alumno habrá tenido con sus abuelos. El profesor hará hincapié en que todas las personas son dignas de ser valoradas y a los abuelos hay que valorarles también por la fuente de experiencia tan rica que tienen, pero sobre todo como agradecimiento de los jóvenes a todo lo que ellos han construido o mantenido en nuestro mundo.

OTRAS VARIABLES IMPLICADAS. Comunicación. Valoración de lo positivo en el comportamiento de los demás.

NOMBRE DE LA ACTIVIDAD	INTEGRACIÓN, ¿SÍ O NO?
TIPO DE ACTIVIDAD	*Específica.* *Tarea en casa.*
OBJETIVO	Saber participar en un debate sobre la integración en la escuela normal de los alumnos con discapacidades psíquicas.
SESIONES	2
LUGAR	Casa y aula
ESTRUCTURA DE LA CLASE	Individual y grupo de clase
MATERIAL	No es necesario material específico

DESARROLLO DE LA ACTIVIDAD:

El profesor anunciará la realización de un debate sobre la integración. Los alumnos se dividirán en dos grupos al azar. Un grupo se tendrá que posicionar a favor de la integración y el otro grupo en contra.

La actividad tendrá dos partes:

A) Cada alumno recogerá información para las argumentaciones que ilustren el punto de vista que le haya tocado defender.

Aquí es donde la familia tiene un papel importante, pues le ayudará en esa recogida de datos, ya sean comentarios subjetivos, cotidianos, como noticias que hayan aparecido en distintos medios de comunicación.

B) Una vez en el aula, se procederá a hacer el debate, donde cada grupo tendrá que dar argumentos sólidos para convencer al otro grupo.

El profesor o un alumno hará de moderador e irá apuntando en la pizarra los argumentos de cada grupo para que se puedan rebatir.

El debate terminará con una síntesis en la que los argumentos en contra de la integración queden todos refutados por los argumentos a favor.

OTRAS VARIABLES IMPLICADAS. Comunicación.

Habilidades y actitudes de relación interpersonal

La escucha. La sonrisa y el lenguaje no verbal. El trato. La conversación. Los saludos. La pregunta. Dar gracias. La disculpa.

OBJETIVO

Adquisición por parte de los alumnos de unas actitudes y habilidades de relación y comunicación básicas en el trato con compañeros y demás personas.

ASPECTOS A TRABAJAR

Por el título de la variable, serían muchas las habilidades a trabajar. El programa escoge unas pocas que se consideran básicas y que, no obstante su simplicidad, esconden un gran significado, dependiendo precisamente de la calidad en la expresión. Éstas son:

— El lenguaje no verbal: la mirada, la sonrisa, dar la mano y los movimientos del cuerpo son acciones que forman parte de nuestra comunicación con las personas, la mayoría de las veces inconscientes, pero que pueden influir de forma positiva o negativa en los sentimientos que provocan.

— Los saludos, el trato. ¿Nos hemos parado a pensar a quién saludamos? ¿Y cómo lo hacemos?

— La amabilidad. A todos nos gusta que nos pidan las cosas por favor, que nos den las gracias. ¿Lo hacemos nosotros?

— La escucha. No se trata sólo de saber guardar el turno de palabra y no hablar todos a la vez. En cualquier diálogo para que la persona que habla sea capaz de expresar libremente sus pensamientos y sentimientos es necesario que se sienta realmente escuchada: el interlocutor se lo ha de demostrar con su actitud y acogiendo totalmente lo que el otro dice.

— Saber disculparse.

— Saber decir no, solicitar una explicación.

— Especialmente saber formular preguntas adecuadas, pertinentes y con actitud interesada positivamente por el interlocutor.

Según cada grupo de clase —su problemática específica, su experiencia anterior en trabajar estos temas—, el profesor podrá optar por trabajarlas todas o escoger las más adecuadas y dejar las restantes para ocasiones posteriores.

Quizás ésta es una de las variables más vivenciales y que tendremos oportunidad de poner en práctica continuamente y no solamente cuando realicemos actividades específicas.

FUNDAMENTOS DE ESTA VARIABLE

En épocas pasadas, en nuestro entorno cultural muchas de las relaciones interpersonales y sociales estaban guiadas y condicionadas por unas «normas de comportamiento social», que por estar muy prescritas y detalladas tenían un elemento facilitador para el aprendizaje. Eran los códigos de cortesía o urbanidad o de las buenas maneras.

Nuestros antepasados las tenían muy en cuenta, pero en un determinado momento fueron contestadas, quizá porqué debajo de ellas latía un concepto de autoridad y sumisión que hoy día es rechazado de pleno. En la mayoría de los casos quedaban reducidas a unos formulismos que no correspondían a una relación auténtica entre personas, cada una de ellas con igual dignidad. Podríamos decir que eran percibidas por las nuevas generaciones como impuestas.

En la actualidad se sigue produciendo este hecho, y quizá de forma más acentuada en la etapa de la adolescencia, caracterizada por un fuerte deseo de afirmación personal y por lo tanto de rechazo de cualquier actitud que pueda sonar a imposición por parte de las personas adultas.

Pero es cierto que la psicología, hoy, está demostrando la importancia de que los niños y jóvenes estén equipados con un buen repertorio de lo que llamamos habilidades y actitudes de relación interpersonal y social.

Los educadores deberíamos buscar, para presentar esta variable, aquellas motivaciones que respondan a los intereses y formas de expresarse de nuestros jóvenes. Una de las características de nuestra época es el avance producido en el terreno de los derechos humanos. La razón última que podría llevar a nuestros alumnos a entender la importancia de adquirir y desarrollar estas actitudes podría ser precisamente el respeto hacia todo ser humano, ya que todas las personas gozamos de igual dignidad.

No vivimos solos. El ser humano es sociable por naturaleza. Estamos continuamente en contacto con otras personas que como nosotros piensan, hablan, sienten. Si sólo estuviéramos en contacto con muebles y paredes no sería necesario dirigirnos a ellos, pero nos relacionamos con personas y es necesario buscar la mejor manera de hacerlo para que esta convivencia sea armoniosa.

Con nuestros compañeros y personas mayores hablamos, nos saludamos, nos miramos, sonreímos, pero si nos fijamos veremos que no siempre lo hacemos de la misma manera y que tampoco es igual el modo de hacerlo de todos.

Estos diferentes modos de relacionarnos dependen bastante de las sociedades y de los distintos pueblos, como podemos observar en las costumbres que reflejan documentales de la televisión, o escenas de bienvenida de personajes en distintos países (por ejemplo, la costumbre de los esquimales de rozarse las narices).

Es útil conocer esas distintas costumbres pero sobre todo hemos de conocer bien los hábitos y maneras que reflejen mejor las costumbres propias de nuestro ambiente para que así podamos, realmente, transmitir mejor nuestros mensajes en la comunicación.

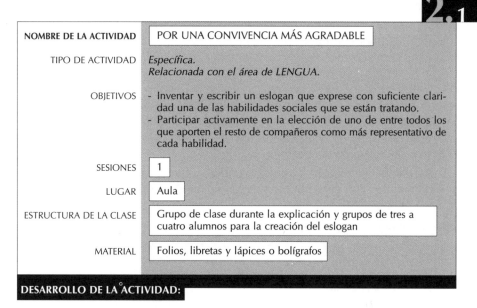

NOMBRE DE LA ACTIVIDAD	POR UNA CONVIVENCIA MÁS AGRADABLE
TIPO DE ACTIVIDAD	*Específica.* *Relacionada con el área de LENGUA.*
OBJETIVOS	- Inventar y escribir un eslogan que exprese con suficiente claridad una de las habilidades sociales que se están tratando. - Participar activamente en la elección de uno de entre todos los que aporten el resto de compañeros como más representativo de cada habilidad.
SESIONES	1
LUGAR	Aula
ESTRUCTURA DE LA CLASE	Grupo de clase durante la explicación y grupos de tres a cuatro alumnos para la creación del eslogan
MATERIAL	Folios, libretas y lápices o bolígrafos

DESARROLLO DE LA ACTIVIDAD:

Esta actividad es la primera correspondiente a la variable actual.

El profesor empezará presentando los objetivos que se quieren conseguir con esta variable y justificará la importancia de consolidar las habilidades de relación interpersonal correctas, de cara a tener una buena aceptación social sea en el momento presente o de cara al futuro (puede explicar el sentido del refrán popular castellano: «Los buenos modales abren las puertas principales»), dejando claro que estas habilidades no se han de aprender para dominar a los otros, sino para mantener con ellos unas relaciones más cordiales que ayuden a hacer más agradable la convivencia entre todos y facilitar la creación de verdaderos vínculos de amistad.

En este sentido sería bueno que nombrase que la decadencia de las antiguas normas de urbanidad se debió en gran parte al hecho que muchas veces eran simples fórmulas de conductas estereotipadas y vacías, cuando no reflejaban únicamente situaciones de autoritarismo o sumisión servilista, y, por lo tanto, no se correspondían con unas actitudes interiores sinceras.

A continuación puede referirse a las actividades que en concreto se trabajarán en el programa de prosocialidad —sin entrar en detalles, pues ya tendrá ocasión de hacerlo para cada una de ellas en sesiones posteriores específicas, diciendo que no son las únicas, pero sí algunas de las más importantes.

Para ilustrar su explicación, si lo considera oportuno, puede pedir a los alumnos que piensen en aquellos de sus compañeros que ya tienen algunas o muchas de estas habilidades adquiridas y en el grado de aceptación social que esto les proporciona porque la gente se encuentra a gusto a su lado.

Esta explicación que cada profesor tendrá que adaptar al nivel de los propios alumnos, en principio, no debería de sobrepasar los 15 minutos.

A continuación los alumnos se distribuirán en grupos de tres o cuatro, y a cada uno de los grupos el profesor les encargará inventar un eslogan apropiado para una habilidad concreta de las que se trabajarán, de manera que todas queden asignadas. Cada alumno tendrá que pensar y escribir uno o más, que después leerá a los compañeros de grupo, para hacer, ya dentro del mismo grupo, una selección previa de los mejores. Al acabar, un secretario de cada grupo leerá la lista de los inventados y seleccionados por su grupo, y el profesor (o un alumno) los irá escribiendo en la pizarra. Al final, toda la clase escogerá de esta lista uno para cada habilidad.

Como conclusión, el profesor les propondrá que se dediquen a poner en práctica durante los días siguientes el eslogan de habilidad que piensen empezar a trabajar.

Podría, incluso, realizarse un mural en donde aparecieran todos.

OTRAS VARIABLES IMPLICADAS. Dignidad y autoestima. Creatividad.

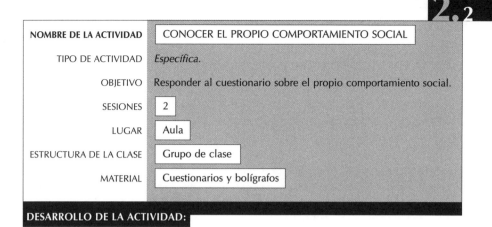

NOMBRE DE LA ACTIVIDAD	CONOCER EL PROPIO COMPORTAMIENTO SOCIAL
TIPO DE ACTIVIDAD	*Específica.*
OBJETIVO	Responder al cuestionario sobre el propio comportamiento social.
SESIONES	2
LUGAR	Aula
ESTRUCTURA DE LA CLASE	Grupo de clase
MATERIAL	Cuestionarios y bolígrafos

DESARROLLO DE LA ACTIVIDAD:

Una vez se haya realizado la sesión introductoria a la variable, el profesor propondrá a los alumnos hacer una reflexión personal sobre los propios comportamientos sociales, ayudándose para ello de un cuestionario —centrado en las habilidades que trabajamos en el programa de prosocialidad. Los alumnos responderán por escrito (se adjunta modelo de cuestionario).

El profesor les pedirá que lo hagan con el máximo de sinceridad, ya que se trata de que cada uno tome consciencia de los propios hábitos sociales para establecer un punto de partida claro de cara a optimizarlos, insistiendo en el hecho de que estas habilidades se pueden aprender y, por lo tanto, no valen posturas resignadas como por ejemplo: «Es que yo estoy hecho así».

Al acabar de rellenar los cuestionarios, el profesor pedirá si hay algún voluntario que quiera exponer en público cuál es la valoración que ha hecho de los propios comportamientos sociales y de qué forma piensa que los puede mejorar. Así se abre un coloquio/debate muy educativo entre todos los alumnos.

Concluido el debate, el profesor les propondrá que depositen los cuestionarios dentro de una caja preparada a tal efecto, que permanecerá cerrada y precintada, para salvaguardar la privacidad de las respuestas de los alumnos, hasta el último día del período de tiempo que se dedique a trabajar esta variable.

Llegado el día acordado, se abrirá la caja delante de todos, habiendo comprobado que el precinto se ha mantenido intacto, y cada alumno recogerá el propio cuestionario para responderlo nuevamente (se puede usar un bolígrafo de un color diferente) y comprobar los avances hechos durante el período pasado en cuanto a las actitudes y habilidades de relación interpersonal trabajadas.

Posteriormente, se hará un nuevo debate parecido al mantenido durante la primera sesión. El profesor reforzará verbalmente todas las intervenciones de los alumnos que denoten progresos e intentará atribuir el máximo de conductas positivas a aquellos que por cualquier razón les parezca no haber progresado.

OTRAS VARIABLES IMPLICADAS. Dignidad y autoestima. Valoración positiva del comportamiento de los demás. Resolución de conflictos.

SOBRE LAS PROPIAS ACTITUDES Y
HABILIDADES DE RELACIÓN INTERPERSONAL

Nombre: _____ Curso: _____

Fecha 1.ª respuesta: _____ Fecha 2.ª respuesta: _____

IMPORTANTE: responde con toda sinceridad marcando con una «X» el cuadro que mejor exprese cada una de las siguientes cuestiones referentes a tus hábitos y actitudes de relación interpersonal y social pues, si lo deseas, NADIE, excepto tú mismo, tendrá acceso a este cuestionario.

1 Cuando alguien te ayuda, ¿le das las gracias?

casi siempre ☐　muchas veces ☐　con cierta frecuencia ☐　pocas veces ☐　casi nunca ☐

2 Cuando te diriges a alguien para hacerle una pregunta, ¿dices «por favor»?

casi siempre ☐　muchas veces ☐　con cierta frecuencia ☐　pocas veces ☐　casi nunca ☐

3 Cuando te encuentras con un vecino o conocido por la escalera o por la calle, ¿le saludas?

casi siempre ☐　muchas veces ☐　con cierta frecuencia ☐　pocas veces ☐　casi nunca ☐

4 Cuando alguien te viene a hacer una pregunta o a pedirte algo, ¿le pones buena cara (sonrisa o expresión de acogida)?

casi siempre ☐　muchas veces ☐　con cierta frecuencia ☐　pocas veces ☐　casi nunca ☐

5 Cuando algún compañero te explica algo, ¿lo escuchas sin pensar al mismo tiempo lo que le quieres contestar?

casi siempre ☐　muchas veces ☐　con cierta frecuencia ☐　pocas veces ☐　casi nunca ☐

6 Cuando un compañero te habla de algo importante para él, ¿te interesas y le haces preguntas acerca de lo que te está explicando?

casi siempre ☐　muchas veces ☐　con cierta frecuencia ☐　pocas veces ☐　casi nunca ☐

7 En tu casa cuando te levantas de la cama o te vas a dormir, ¿haces algún tipo de saludo (dar un beso, decir «buenos días» o «buenas noches») a tus padres y hermanos?

casi siempre ☐　muchas veces ☐　con cierta frecuencia ☐　pocas veces ☐　casi nunca ☐

8 Cuando un compañero te presta un bolígrafo o cualquier otra cosa que le hayas pedido, ¿le das las gracias?

casi siempre ☐ muchas veces ☐ con cierta frecuencia ☐ pocas veces ☐ casi nunca ☐

9 Cuando has de saludar a personas que no son parientes tuyos, ¿sabes dar la mano de una manera expresiva?

casi siempre ☐ muchas veces ☐ con cierta frecuencia ☐ pocas veces ☐ casi nunca ☐

10 Cuando vienen parientes o amigos de tus padres a tu casa y sabes que les gustaría que tú les hablases, ¿les haces preguntas y sabes cómo hacérselas?

casi siempre ☐ muchas veces ☐ con cierta frecuencia ☐ pocas veces ☐ casi nunca ☐

11 Cuando algún familiar o persona mayor te pregunta algo, ¿le miras a la cara con agrado mientras te habla?

casi siempre ☐ muchas veces ☐ con cierta frecuencia ☐ pocas veces ☐ casi nunca ☐

12 Cuando preguntas qué hora es por la calle, ¿das las gracias después?

casi siempre ☐ muchas veces ☐ con cierta frecuencia ☐ pocas veces ☐ casi nunca ☐

13 Cuando alguien te está hablando, ¿le escuchas mirándole frecuentemente a la cara (si no estás haciendo alguna otra actividad que te lo impida)?

casi siempre ☐ muchas veces ☐ con cierta frecuencia ☐ pocas veces ☐ casi nunca ☐

14 Cuando coincides con alguna persona desconocida en el ascensor o en las escaleras de tu casa, ¿le saludas?

casi siempre ☐ muchas veces ☐ con cierta frecuencia ☐ pocas veces ☐ casi nunca ☐

15 Cuando algún amigo te está explicando algo, ¿esperas que acabe de hablar, con el fin de entender mejor qué es lo que te quiere transmitir, en lugar de interrumpirlo con las ideas que te van pasando por la cabeza?

casi siempre ☐ muchas veces ☐ con cierta frecuencia ☐ pocas veces ☐ casi nunca ☐

2.3

NOMBRE DE LA ACTIVIDAD	UNA CUALIDAD NO MUY FRECUENTE
TIPO DE ACTIVIDAD	*Específica* *Relacionada con el área de LENGUA.*
OBJETIVOS	- Exponer verbalmente sus conclusiones sobre la forma de escuchar de *Momo*. - Tomar parte activa en un debate que el profesor abrirá a tal efecto. - Respetar las normas establecidas previamente para llevar a cabo este debate.
SESIONES	1
LUGAR	Aula
ESTRUCTURA DE LA CLASE	Grupo de clase
MATERIAL	Libro *Momo*, capítulo 2.º, folios y bolígrafos

DESARROLLO DE LA ACTIVIDAD:

El profesor hará circular el capítulo 2.º del libro *Momo*[1], «Una cualidad poco común y una pelea muy común», a cada alumno. Después, se leerá el capítulo en voz alta (procurando que haya un buen nivel de lectura; cada alumno puede ir leyendo un trozo, ya que interesa que se entienda bien y en este sentido la vocalización y la entonación influyen considerablemente). A continuación se abrirá un debate, estableciendo unas normas a respetar por parte de todos, a fin que el debate sea una buena ocasión para poner en práctica la escucha. Así, pues:

A) Habrá un moderador (mejor un alumno que un profesor), que establecerá el turno de palabra y asegurará el orden del debate.

B) Habrá también un secretario (según el nivel, el mismo profesor), que tomará nota resumida de las diferentes intervenciones.

C) Hay que ser lo más concisos posibles en la exposición de las propias ideas, para que haya tiempo de que todos puedan ejercitar su derecho a expresarse.

D) Cuando un alumno hable, todo el resto ha de callar y escucharlo como les gustaría ser escuchados, es decir, «vaciando» la mente de las propias ideas para poder comprender totalmente lo que quien habla nos quiere comunicar.

Previamente el profesor habrá suscitado el debate con preguntas como:

— ¿Qué habilidad de Momo sobresale en esta lectura?
— ¿Por qué la gente se encontraba bien con ella?

---

[1] ENDE, Michael: *Momo*. Madrid, 1985, Alfaguara; págs. 19-26.

- ¿De qué forma escuchaba Momo a los demás?
- Después de esta lectura, ¿te parece que tú tienes que rectificar en algo tu manera de escuchar a los demás?
- ¿Eran felices Nicola y Nino antes de ir a visitar a Momo?
- ¿Había habido antes una verdadera comunicación entre ellos?
- ¿Qué es lo que les hace cambiar de actitud?
- ¿Por qué se marchan tan contentos?
- ¿Hizo Momo algo de particular para que se hiciesen amigos?
- ¿Te has sentido identificado con alguno de los personajes?
- ¿Recuerdas alguna experiencia parecida que te haya pasado con alguna persona?
- Si aún aquella situación parecida no se ha resuelto, ¿piensas que ahora sabrías cómo hacer para resolverla?

Al final del debate, el secretario escribirá en la pizarra el resumen de las intervenciones y los otros lo copiarán en sus libretas.

OTRAS VARIABLES IMPLICADAS. Modelos prosociales. Comunicación. Resolución de la agresividad.

2.4

NOMBRE DE LA ACTIVIDAD	POR FAVOR, ¿PUEDO HACERLE UNA PREGUNTA?
TIPO DE ACTIVIDAD	*Específica.* *Relacionada con el área de LENGUA.* *Tarea en casa.*
OBJETIVOS	- Tomar parte activa en la elaboración del guión de una entrevista. - Realizarla posteriormente, al menos a cinco personas fuera de la escuela. - Recoger por escrito o en magnetófono las respuestas obtenidas. - Participar en la sesión de puesta en común y debate de las respuestas.
SESIONES	2
LUGAR	Aula, domicilio particular y calle
ESTRUCTURA DE LA CLASE	Grupo de clase en las sesiones en el aula
MATERIAL	Libreta de apuntes, bolígrafos y, quien lo desee, magnetófono

DESARROLLO DE LA ACTIVIDAD:

Esta actividad requiere tres momentos diferentes:

1. Una sesión en el aula donde el profesor explicará a los alumnos que se pretenden poner en práctica las habilidades que se están trabajando (trato, mirada, preguntar, sonreír, escuchar, conversar, dar gracias) mediante una entrevista que ellos tendrán que realizar en su casa o por la calle como mínimo a cinco personas (miembros de su familia, personas conocidas o desconocidas). Esta entrevista versará precisamente sobre los hábitos de relación social que tienen estas personas o las reglas de urbanidad vigentes cuando eran jóvenes o niños. Les hará notar que, según el grado de relación que tengan con cada una de las personas entrevistadas, se tendrán que dirigir a ellas en cada caso con una «fórmula de cortesía» diferente:

— Padre, ¿te puedo hacer una pregunta?
— Escucha, Juan, ¿te importa que te haga una pregunta?
— Por favor, ¿puedo hacerle una pregunta?

Una vez hecha la explicación y estas aclaraciones, en esta misma sesión se pueden pasar a elaborar conjuntamente las preguntas que integran la entrevista.

El profesor puede proponer ejemplos:

— Abuelo, ¿te acuerdas de cómo saludabas a tu abuelo cuando eras pequeño?
— Y si por la calle te encontrabas un conocido, ¿cómo lo saludabas?

104

2. La realización material de la entrevista en casa y por la calle (quizás a muchos alumnos les gustará hacerla ayudándose de un magnetófono).

3. Una segunda sesión en el aula en la que los alumnos pondrán en común los resultados de sus entrevistas, bien leyendo las respuestas obtenidas o, incluso, haciendo escuchar a los compañeros el registro realizado.

El profesor moderará las intervenciones de manera que todos puedan participar. Al final, si lo cree conveniente, dedicará unos minutos a hacer notar las diferencias entre unas costumbres u otras, o entre las costumbres antiguas y las actuales.

Al acabar, felicitará a los alumnos por su trabajo.

OTRAS VARIABLES IMPLICADAS. Comunicación. Empatía. Modelos prosociales.

NOMBRE DE LA ACTIVIDAD	YO SOY UN PARLAMENTARIO
TIPO DE ACTIVIDAD	*Específica.* *Relacionada con las áreas de LENGUA y CIENCIAS SOCIALES.*
OBJETIVOS	- Representar diferentes roles institucionales del Parlamento a la vez que leer delante del resto de compañeros textos previamente preparados e intervenir activamente en un debate. - Guardar un estricto turno de palabra y escuchar con atención a los compañeros que intervienen. - Tanto las lecturas como las intervenciones espontáneas deben hacerse con una expresión oral correcta y adecuada al tema objeto del debate.
SESIONES	3
LUGAR	Aula
ESTRUCTURA DE LA CLASE	Grupo de clase
MATERIAL	Cuaderno, bolígrafo, folios

DESARROLLO DE LA ACTIVIDAD:

Para realizar esta actividad es necesario que el profesor-tutor se coordine con los profesores de lengua y ciencias sociales.

El profesor de ciencias sociales explicará a los alumnos el origen de los parlamentos y su funcionamiento. Focalizará la atención sobre la necesidad de que los parlamentarios se escuchen atentamente para poder poner al servicio del bien común las ideas que puedan ser consideradas mayoritariamente útiles a la sociedad.

El profesor de lengua escogerá juntamente con los alumnos algunos textos extraídos de debates parlamentarios publicados en la prensa, o bien propondrá a los alumnos que los redacten ellos mismos, teniendo como punto de partida un tema común: «una televisión para todos y sin violencia». Dejará que los alumnos practiquen en grupos pequeños la lectura de los propios textos, de forma que se puedan corregir entre ellos la entonación, la dicción, etc.

Por último, en la clase dedicada a la sesión específica de prosocialidad, mediante la técnica del *role playing,* se organizará un «debate parlamentario». Puede ser, por ejemplo, la representación ficticia de una sesión del Parlamento del propio país sobre el tema propuesto en la clase de lengua, donde algunos alumnos desempeñarán los roles. Cada uno tendrá su turno de palabra, que será estrictamente respetado, y se escuchará con atención a todos los compañeros que intervengan. Las intervenciones no se deben limitar a la mera lectura de textos preparados, sino que es bueno que haya siempre lugar para la improvisación. Al final se puede hacer una votación de las propuestas.

OTRAS VARIABLES IMPLICADAS. Comunicación. Empatía. Prosocialidad colectiva y compleja.

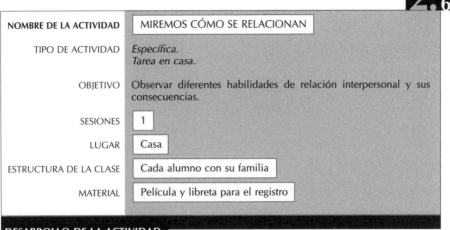

NOMBRE DE LA ACTIVIDAD	MIREMOS CÓMO SE RELACIONAN
TIPO DE ACTIVIDAD	*Específica.* *Tarea en casa.*
OBJETIVO	Observar diferentes habilidades de relación interpersonal y sus consecuencias.
SESIONES	1
LUGAR	Casa
ESTRUCTURA DE LA CLASE	Cada alumno con su familia
MATERIAL	Película y libreta para el registro

DESARROLLO DE LA ACTIVIDAD:

Cada alumno con su familia proyectará una película con secuencias en donde se puedan observar cómo se escuchan los personajes, sus sonrisas, sus saludos, su forma de agradecer, su forma de preguntar y las correspondientes consecuencias de todo ello.

Otra variante puede ser que el alumno observe situaciones de interacción en su familia de manera real y lo anote en un registro de campo o cuaderno.

Todo ello puede dar lugar a un posterior debate en el aula.

OTRAS VARIABLES IMPLICADAS. Comunicación. Empatía.

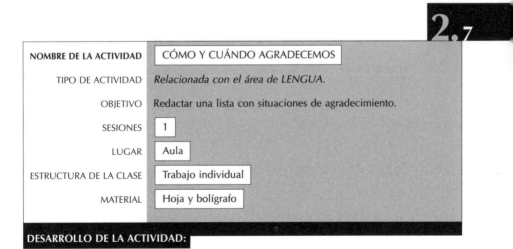

NOMBRE DE LA ACTIVIDAD	CÓMO Y CUÁNDO AGRADECEMOS
TIPO DE ACTIVIDAD	*Relacionada con el área de LENGUA.*
OBJETIVO	Redactar una lista con situaciones de agradecimiento.
SESIONES	1
LUGAR	Aula
ESTRUCTURA DE LA CLASE	Trabajo individual
MATERIAL	Hoja y bolígrafo

DESARROLLO DE LA ACTIVIDAD:

Cada alumno redactará una lista con situaciones en las que se puede o se debería agradecer y cómo se tendría que llevar a cabo.

OTRAS VARIABLES IMPLICADAS. Creatividad. Comunicación y expresión de sentimientos. Empatía.

2.8

NOMBRE DE LA ACTIVIDAD	LOS SALUDOS DESDE LA FAMILIA
TIPO DE ACTIVIDAD	*Específica.* *Tarea en casa.*
OBJETIVO	Promover una reunión familiar para hablar de cómo se saluda, a quién y qué sienten.
SESIONES	2
LUGAR	Casa
ESTRUCTURA DE LA CLASE	Trabajo individual con la propia familia
MATERIAL	No es preciso material específico

DESARROLLO DE LA ACTIVIDAD:

Esta actividad está enfocada para que los alumnos la realicen en su propia casa con su familia más allegada, o al menos la que conviva con él.

El profesor animará a realizar la siguiente actividad:

El alumno ha de promover una reunión familiar donde se hable de los saludos que son habituales o deseables en casa, con los parientes, con los vecinos y que cada componente explique cómo lo hace y qué siente.

Claro está, se habrá avisado a la familia para que aproveche a positivizar esta realidad.

OTRAS VARIABLES IMPLICADAS. Comunicación y expresión de sentimientos. Dignidad. Creatividad e iniciativa.

NOMBRE DE LA ACTIVIDAD	REPRESENTACIÓN DE HABILIDADES DE RELACIÓN INTERPERSONAL
TIPO DE ACTIVIDAD	*Específica.*
OBJETIVO	Representar y analizar diversas situaciones en las que se produzcan habilidades de relación interpersonal.
SESIONES	2
LUGAR	Aula y teatro
ESTRUCTURA DE LA CLASE	Grupos pequeños
MATERIAL	No es preciso material específico

DESARROLLO DE LA ACTIVIDAD:

Los alumnos se dividirán en grupos pequeños para inventarse situaciones representativas, ya sea en la familia, amigos, tiendas, calle, etc., en que se produzcan saludos, interacciones tanto verbales como no verbales, agradecimientos, etc.

Cada grupo lo representará en el teatro frente a los demás.

Después de todas las intervenciones se pasaría a analizarlas por parte de todo el grupo de clase así como para mejorarlas, si fuera el caso.

OTRAS VARIABLES IMPLICADAS. Creatividad e iniciativa. Comunicación y expresión de sentimientos. Empatía.

NOMBRE DE LA ACTIVIDAD	COSTUMBRES DE OTROS PUEBLOS
TIPO DE ACTIVIDAD	*Relacionada con el área de CIENCIAS SOCIALES.* *Tarea en casa.*
OBJETIVO	Buscar personas de otras culturas y representar sus costumbres peculiares relacionadas con las habilidades de relación interpersonal.
SESIONES	2
LUGAR	Entorno y aula
ESTRUCTURA DE LA CLASE	Grupos de cuatro alumnos
MATERIAL	No es preciso material específico

DESARROLLO DE LA ACTIVIDAD:

Los alumnos en grupos de cuatro mantendrán una pequeña entrevista-conversación con alguna persona de su entorno inmediato (padres o familiares de otros alumnos, vecinos) que sean de culturas diferentes a la nuestra, para que les expliquen sus costumbres particulares y peculiares respecto al tema que se está trabajando en esta variable: las habilidades de relación interpersonal.

Por ejemplo: cómo se saludan, cuándo, con quién...

Una vez en el aula, cada grupo representará delante del resto la información que tiene.

Finalmente, el profesor felicitará a todos los que hayan participado con el fin de valorar su trabajo e interés, haciendo hincapié en darse cuenta que las habilidades de relación interpersonal son necesarias, pero específicas de cada cultura.

Puede construirse un mural.

OTRAS VARIABLES IMPLICADAS. Valoración positiva del comportamiento de los demás. Empatía social.

NOMBRE DE LA ACTIVIDAD	ENTREVISTAS EN EL TELEDIARIO
TIPO DE ACTIVIDAD	*Específica.* *Tarea en casa.*
OBJETIVO	Confeccionar un telediario con entrevistas y noticias positivas, ayudados por sus familias.
SESIONES	2
LUGAR	Casa y aula
ESTRUCTURA DE LA CLASE	Individual y pequeño grupo
MATERIAL	Hojas y bolígrafo

DESARROLLO DE LA ACTIVIDAD:

El profesor propondrá que, por grupos de trabajo, elaboren un telediario en el que hayan entrevistas y noticias positivas.

La actividad tendrá dos partes:

A) Cada alumno individualmente y con ayuda de su familia buscará y recogerá noticias positivas. Con esto se pretende implicar a la familia en la prosocialidad y aumentar la comunicación entre sus miembros al tener una tarea común.

B) Una vez cada alumno aporte a su pequeño grupo toda la información recogida, entre todos elaborarán entrevistas, en las que simularán a un locutor-entrevistador y personas implicadas en algunas de las noticias más interesantes. La técnica de la entrevista tendrá que estar bien aplicada. Y procederán a la elaboración de toda una sesión de telediario.

Una vez terminada la tarea de preparación, cada grupo lo expondrá delante de los demás.

Puede terminarse la sesión con una puesta en común sobre el proceso de realización y la ayuda recibida por sus respectivas familias.

OTRAS VARIABLES IMPLICADAS. Comunicación. Creatividad e iniciativa.

Valoración de lo positivo en el comportamiento de los demás

3

OBJETIVO

Infundir en los alumnos una actitud de orientación positiva hacia los demás que se manifiesta por la capacidad de saber descubrir todo lo positivo presente en las acciones de todas las personas.

ASPECTOS A TRABAJAR

Ser difusores de positividad y de elogios.
Superación de antipatías y envidias.
Evitación de reproches.
Optimismo versus pesimismo.

FUNDAMENTOS DE ESTA VARIABLE

Un postulado que hacemos nuestro y que está presente en muchas corrientes de pensamiento humanista es el de que las personas son básicamente positivas.

Aunque a veces nos cueste apreciarlo, la persona está constituida por cualidades positivas. Pero sucede que nos cuesta más expresar los elogios que las quejas, como si nuestra naturaleza exigiera la plenitud de las máximas cualidades y fácilmente nos habituáramos a ellas como si éste fuera el «estado normal de las cosas» y no consideramos necesario expresar elogios. En cambio, expresamos rápidamente la queja o el reproche.

Las personas necesitamos para nuestro sostenimiento y crecimiento la aceptación y valoración de las demás. Así, mientras en la primera variable (dignidad, autoestima y heteroestima) trabajábamos la aceptación global de la persona, en la presente variable se trata de trabajar la valoración de las acciones o resultados de las acciones de los demás.

Ese déficit de apreciación hemos de superarlo, en el medio educativo, con la atribución de la positividad, prescindiendo de comparaciones, focalizando la atención en aquella persona directamente.

A nivel psicológico está comprobado que el mejor medio para hacer surgir una capacidad, un rasgo, una actitud, una conducta, en el otro, es la de creer y confiar en su posibilidad y probabilidad.

El profesor transmite este reconocimiento mediante el escuchar y el mirar al alumno.

Toda experiencia de contacto con el mundo es una relación que se establece, que tiene dos polos: el tú y el yo, y esa relación se expresa bidireccionalmente.

Esto significa que para introducir un cambio, una mejora, siempre tenemos la posibilidad de hacerlo desde nuestro polo, es decir, desde nuestro yo. Cada uno, pues, tiene la responsabilidad de «empezar» a introducir el cambio. Lógicamente es de esperar que los profesores deban inexcusablemente hacerlo.

Este proceso indudablemente tiende a un fin lógico: la unidad entre las personas, especialmente cuando la relación se hace recíproca, mutua.

Uno de los mejores modos de ejercitar esta habilidad es no apresurar juicios, ni respecto a los demás, ni respecto a los fenómenos. Ampliar los horizontes mentales en vez de ser esclavos de los prejuicios.

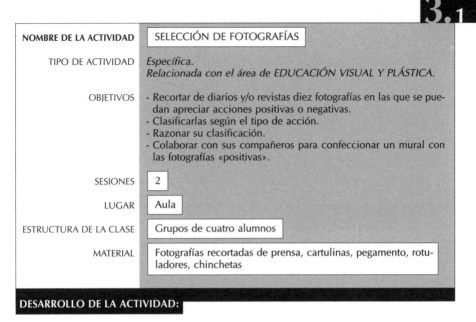

NOMBRE DE LA ACTIVIDAD	SELECCIÓN DE FOTOGRAFÍAS
TIPO DE ACTIVIDAD	*Específica.* *Relacionada con el área de EDUCACIÓN VISUAL Y PLÁSTICA.*
OBJETIVOS	- Recortar de diarios y/o revistas diez fotografías en las que se puedan apreciar acciones positivas o negativas. - Clasificarlas según el tipo de acción. - Razonar su clasificación. - Colaborar con sus compañeros para confeccionar un mural con las fotografías «positivas».
SESIONES	2
LUGAR	Aula
ESTRUCTURA DE LA CLASE	Grupos de cuatro alumnos
MATERIAL	Fotografías recortadas de prensa, cartulinas, pegamento, rotuladores, chinchetas

DESARROLLO DE LA ACTIVIDAD:

1ª. sesión. Con antelación suficiente (dos o tres días), el profesor habrá anunciado esta actividad a los alumnos, solicitándoles que busquen en diarios y revistas de sus casas diez fotografías donde se aprecien, en cinco de ellas, acciones positivas y, en las otras cinco, acciones negativas, y que las lleven a clase el día indicado para realizar la actividad.

En el aula, agrupados en equipos de cuatro alumnos, cada uno mostrará a los otros compañeros del grupo sus fotografías y les razonará por qué considera que las acciones que reflejan son positivas o negativas. Los otros podrán exponer también su opinión, de manera que se realice una selección de las fotografías positivas con el consenso de todos los miembros del grupo. El profesor irá pasando por los grupos y participará también, si lo cree oportuno, en alguna de las discusiones, a fin de ayudarles a realizar la selección, mirando de ser muy respetuoso con la opinión (siempre que sea razonable) de los alumnos.

2ª. sesión. En clase de educación visual y plástica (lo ideal sería hacerla inmediatamente después, dedicando, por ejemplo, una tarde dividida en dos momentos a esta actividad), los mismos grupos pegarán en cartulinas las fotografías seleccionadas como positivas. Al pie de cada fotografía escribirán con rotulador una pequeña frase (basta un verbo) que defina la acción (por ejemplo: «ayuda», «comparte», «curan a un enfermo», «colaboran», «son amigos»).

Acabado el trabajo, los grupos colgarán sus cartulinas, de manera que entre todas formen un mural colectivo que quedará expuesto durante el mes que se trabaje esta variable en la clase.

OTRAS VARIABLES IMPLICADAS. Dignidad y autoestima. Modelos. Cooperación.

3.2

NOMBRE DE LA ACTIVIDAD	CONOCER MÁS ALLÁ DE LAS APARIENCIAS
TIPO DE ACTIVIDAD	*Relacionada con las áreas de LENGUA y LENGUA EXTRANJERA.*
OBJETIVO	Escribir tres cualidades de cada uno de los compañeros de la clase.
SESIONES	1
LUGAR	Aula
ESTRUCTURA DE LA CLASE	Grupo de clase
MATERIAL	Cuadernos y bolígrafos

DESARROLLO DE LA ACTIVIDAD:

El profesor hará una explicación del objetivo que se persigue con esta actividad: descubrir que las personas, todas las personas, son básica y constitutivamente positivas, a pesar de que por regla general nos resulten mucho más evidentes sus rasgos negativos y a veces nos infundan antipatía. Hará ver que normalmente nos cuesta mucho más expresar elogios que quejas, y que esto se debe a un déficit nuestro de apreciación, puesto que tendemos espontáneamente a comparar a las personas con el ideal que nos hemos hecho de las mismas, y que la diferencia que apreciamos en tal comparación la absolutizamos y consideramos como lo esencial del otro, y se lo reprochamos. Aclarará que, sin embargo, esa diferencia («defecto«) no es lo esencial, sino lo «accesorio» del otro, y que para impedir que nos domine esa imagen hemos de evitar caer en comparaciones y focalizar directamente nuestra atención en aquella persona en cuestión, a fin de poder descubrir su «positivo», que es lo verdaderamente constitutivo de su ser. Insistirá en que en la medida en que atribuimos al otro su positivo le ayudamos a irlo incorporando y consolidando en su manera de actuar.

A continuación, como entrenamiento de esta actitud y para superar antipatías, pedirá a los alumnos que cada uno escriba tres cualidades positivas de cada uno de los compañeros de clase. Al acabar, el profesor leerá algunas o todas las cualidades que han sido escritas de cada uno de ellos (sin nombrar quién se las atribuye), tratando de que, lógicamente, aparezcan equilibradas las listas de todos y cada uno de los alumnos y evitando así que pudiera resultar alguien con pocas atribuciones positivas.

OTRAS VARIABLES IMPLICADAS. Dignidad y autoestima. Habilidades y actitudes de relación interpersonal.

116

NOMBRE DE LA ACTIVIDAD	VENCER LA ANTIPATÍA: OJOS NUEVOS CADA DÍA
TIPO DE ACTIVIDAD	*Específica.* *Tarea en casa.*
OBJETIVO	Escribir el motivo de la antipatía y cómo se vencería, haciendo una lista de las cualidades de la persona que no les resulte simpática.
SESIONES	1
LUGAR	Aula
ESTRUCTURA DE LA CLASE	Trabajo individual y del grupo de clase
MATERIAL	No es preciso material específico

DESARROLLO DE LA ACTIVIDAD:

Esta actividad tiene dos partes: una de trabajo en el aula y la segunda de aplicación en el entorno familiar.

A) Individualmente, los alumnos escriben en una hoja a qué persona tienen antipatía y el motivo, y a continuación qué harían para que esta persona les fuese simpática, resaltando sus cualidades.
El profesor recoge los trabajos para evitar que se conozcan las antipatías intraclase, pero puede resaltar algunas partes de los escritos de algún alumno (de manera anónima), si ofrece aspectos modélicos.
B) Los alumnos aplicarán y experimentarán alguna experiencia de acción donde tengan que vencer la antipatía.

Debatir luego, entre toda la clase, cómo la antipatía se puede superar desde nosotros mismos.

OTRAS VARIABLES IMPLICADAS. Dignidad y autoestima. Revelación de sentimientos. Empatía interpersonal.

3.4

NOMBRE DE LA ACTIVIDAD	REDACCIÓN
TIPO DE ACTIVIDAD	*Relacionada con el área de LENGUA.*
OBJETIVO	Escribir una redacción de 150 palabras acerca de un suceso real que haya observado y que manifieste una conducta prosocial de un compañero de clase.
SESIONES	1
LUGAR	Aula
ESTRUCTURA DE LA CLASE	Grupo de clase
MATERIAL	Cuadernos y bolígrafos

DESARROLLO DE LA ACTIVIDAD:

En un cuaderno-anecdotario los alumnos recogerán personalmente, durante tres días, conductas prosociales que observen, ya sea fuera o dentro del recinto escolar, y escogerán una de ellas para realizar, a petición del profesor de lengua, una redacción de 150 palabras (de 10 a 15 líneas de extensión), en la que describan el hecho real, observado por ellos, en el que se haya puesto de manifiesto la conducta prosocial. Para ello, les dejará un tiempo de 25 minutos.

Transcurrido este tiempo, pedirá a algunos que lean en voz alta su redacción. Al acabar la lectura de cada redacción, el profesor reforzará verbalmente tanto al redactor (por haberse fijado en la conducta positiva) como al hecho prosocial en sí, dándose cuenta de que hay muchas maneras diferentes de hacer una conducta prosocial.

OTRAS VARIABLES IMPLICADAS. Empatía interpersonal y social. Comunicación. Modelos prosociales.

NOMBRE DE LA ACTIVIDAD	A LA CAZA DE LA NOTICIA POSITIVA
TIPO DE ACTIVIDAD	*Relacionada con el área de LENGUA y/o EDUCACIÓN VISUAL Y PLÁSTICA.* *Tarea en casa.*
OBJETIVOS	- Localizar y recortar de un diario o revista como mínimo una noticia que ponga de relieve un hecho positivo real que haya supuesto una conducta prosocial de una o varias personas o entidades. - Con las noticias recogidas, confeccionar un «periódico mural positivo».
SESIONES	1
LUGAR	Aula
ESTRUCTURA DE LA CLASE	Grupos de cuatro alumnos
MATERIAL	Diarios, revistas, tijeras, folios, pegamento, rotuladores, chinchetas

DESARROLLO DE LA ACTIVIDAD:

Esta actividad combina trabajo en clase y trabajo en casa.

Los alumnos tendrán que buscar en diarios y/o revistas de sus casas noticias que pongan en evidencia algún hecho real positivo realizado por una o varias personas o por alguna entidad. Para ello pueden pedir ayuda a sus padres (de esta manera se involucra a la familia en la actividad, de modo que padres e hijo cooperen en la búsqueda de tales noticias y juntos focalicen la atención en la positividad). Una vez localizadas estas noticias, las recortará y pegará cada una en un folio, en el que rotulará un título para la noticia.

El día convenido, se hará en clase la puesta en común de las noticias encontradas y se confeccionará con ellas un «periódico mural positivo», que se puede dividir en secciones: local, nacional, internacional, deportes, ciencia, arte, etc. Cada uno de los grupos puede encargarse de recoger las noticias correspondientes a su sección y colocarlas en el lugar oportuno, para lo que será preciso un alto grado de cooperación entre los integrantes del grupo.

OTRAS VARIABLES IMPLICADAS. Iniciativa. Modelos prosociales. Cooperación.

NOMBRE DE LA ACTIVIDAD	TELENOTICIAS
TIPO DE ACTIVIDAD	*Relacionada con el área de LENGUA.*
OBJETIVOS	- Llevar a clase un mínimo de tres noticias recogidas de la prensa, radio, televisión o de su propio ambiente (clase, escuela, familia, barrio). - Ordenarlas por secciones y leer en voz alta, delante de los compañeros de clase, las correspondientes a la sección encargada al propio grupo, simulando un telediario colectivo.
SESIONES	1
LUGAR	Aula
ESTRUCTURA DE LA CLASE	Grupos de cuatro alumnos
MATERIAL	Recortes de prensa, apuntes de noticias, folios y bolígrafos

DESARROLLO DE LA ACTIVIDAD:

Esta actividad habrá sido anunciada previamente por el profesor, de manera que los alumnos hayan podido proveerse de las noticias positivas (como mínimo tres). Lo ideal es que al menos una de las noticias recogidas por cada alumno sea de su propio ambiente y, por tanto, haya sido redactada por él.

El día acordado para realizar la actividad, los alumnos se distribuirán en grupos de cuatro. A cada uno de los grupos el profesor le asignará una sección del «telediario»: local, nacional, internacional, deportes.

Durante los primeros diez minutos, los grupos revisarán sus noticias y las dividirán por secciones. Una vez seleccionadas, cada grupo se quedará con la propia sección y hará llegar a los otros grupos las noticias de las demás secciones.

Posteriormente, dispondrán de otros diez minutos para distribuirse entre los miembros de cada grupo las noticias a leer, que no deben pasar de un minuto de duración por alumno. Al final, se «emitirá» el telediario, dando lectura a las noticias ordenadamente, según un esquema que el profesor habrá elaborado.

Es importante que el profesor pida a los alumnos que presten a sus compañeros la misma atención que a ellos les gustaría recibir, mientras se leen las noticias, y al final felicitará a todos por el trabajo realizado.

Una variante que puede amenizar aún más esta actividad, aunque también requiere mayor preparación y tiempo, es la de grabar, bien en vídeo, bien simplemente en cinta, la emisión realizada. Se pueden buscar algunas melodías adecuadas que sirvan de introducción al telediario y a cada sección.

Si la grabación resulta de un nivel apto, puede invitarse a los compañeros de otras clases a presenciar la emisión diferida en la sala de audiovisuales.

OTRAS VARIABLES IMPLICADAS. Dignidad y autoestima. Creatividad e iniciativa. Modelos prosociales.

NOMBRE DE LA ACTIVIDAD	SOPA DE LETRAS
TIPO DE ACTIVIDAD	*Relacionada con el área de LENGUA.*
OBJETIVOS	- Localizar diez adjetivos positivos en una «sopa de letras». - Atribuir cada uno de ellos a un compañero que se distinga por esa cualidad.
SESIONES	1
LUGAR	Aula
ESTRUCTURA DE LA CLASE	Grupo de clase
MATERIAL	Fotocopia de la «sopa de letras», cuaderno, lápiz, borrador y bolígrafo

DESARROLLO DE LA ACTIVIDAD:

El profesor distribuirá a cada alumno una sopa de letras como la del ejemplo, a fin de que localicen en ella los adjetivos positivos que esconde (puede darles la lista de los adjetivos o no). Una vez localizados, cada alumno pensará qué compañero de la clase se distingue por la cualidad expresada por cada uno de los adjetivos y se lo atribuirá. Al final, cada uno leerá en voz alta sus resultados y el profesor puede ir anotando en la pizarra los adjetivos atribuidos a cada alumno. Ejemplo:

```
K Z F E S T U D I O S O
O G P C C Y T A O B C O
B D S Q U F J M S V A H
X B A X D L E A O X P S
Q B S N E V F B R V F B
L L P A E U Z L E Y R H
A Q L X K D M E N E D L
I E V S O N R I E N T E
D E L I G N S O G R U M
R I N T E L I G E N T E
O V I T A E R C M M E A
C C E T N E I D E B O O
```

OTRAS VARIABLES IMPLICADAS. Dignidad y autoestima. Empatía. Modelos prosociales.

3.8

NOMBRE DE LA ACTIVIDAD	LA TELEVISIÓN EN FAMILIA
TIPO DE ACTIVIDAD	*Tarea en casa.* *Específica.*
OBJETIVO	Observar en algún programa de televisión conjuntamente con la familia a personajes que se valoren mutuamente.
SESIONES	2
LUGAR	Casa
ESTRUCTURA DE LA CLASE	Trabajo conjunto familiar
MATERIAL	No es preciso material específico

DESARROLLO DE LA ACTIVIDAD:

Los alumnos en sus hogares pedirán a sus padres que compartan con ellos el visionado de un programa de televisión, con el propósito de observar cómo los personajes se señalan las cosas positivas o negativas.

De esta actividad se puede hacer una puesta en común después en el aula.

OTRAS VARIABLES IMPLICADAS. Comunicación y expresión de sentimientos.

3.9

NOMBRE DE LA ACTIVIDAD	ANOTAR ELOGIOS
TIPO DE ACTIVIDAD	*Tarea en casa.* *Relacionada con las áreas de LENGUA y LENGUA EXTRANJERA.*
OBJETIVO	Observar elogios y cuándo se aplican.
SESIONES	1
LUGAR	Aula
ESTRUCTURA DE LA CLASE	Trabajo individual
MATERIAL	Hoja y bolígrafo

DESARROLLO DE LA ACTIVIDAD:

El profesor propondrá que cada alumno, en una hoja de papel, anote todas aquellas situaciones de su vida que recuerde o hubiere observado en las que se aplican elogios. Es importante fijarse en el cómo y el cuándo.

Esta actividad propone que se incluya en el trabajo el idioma estudiado en el centro, pero evidentemente se puede hacer en el área de lengua.

OTRAS VARIABLES IMPLICADAS. Dignidad. Comunicación. Empatía.

NOMBRE DE LA ACTIVIDAD	EXPRESAR ELOGIOS
TIPO DE ACTIVIDAD	*Tarea en casa.* *Específica.*
OBJETIVO	Expresar elogios a aquellas personas con que se convive.
SESIONES	Una semana
LUGAR	Cualquiera
ESTRUCTURA DE LA CLASE	Trabajo individual
MATERIAL	No es preciso material específico

DESARROLLO DE LA ACTIVIDAD:

El profesor animará a cada uno de los alumnos para que procuren expresar un número mínimo, que puede ser de uno a tres, de elogios diarios en una semana especial y concreta marcada por todos.

Los elogios se tienen que expresar como si fueran regalos (rosas, libros, etc.) e irán dirigidos a aquellas personas o bien de la familia más próxima o no, o bien a amigos, vecinos, etc.

OTRAS VARIABLES IMPLICADAS. Dignidad. Comunicación. Creatividad.

NOMBRE DE LA ACTIVIDAD	VOTACIÓN POSITIVA
TIPO DE ACTIVIDAD	*Relacionada con cualquier área.*
OBJETIVO	Ejercitar las votaciones positivas.
SESIONES	Las que se den
LUGAR	Aula
ESTRUCTURA DE LA CLASE	Grupo de clase
MATERIAL	No es preciso material específico

DESARROLLO DE LA ACTIVIDAD:

Cualquier profesor en cualquier materia puede propiciar el hecho de que para elegir los mejores trabajos se haga mediante una votación positiva, es decir, en la cual no se debe uno votar a sí mismo, sino al que realmente se crea que está mejor.

OTRAS VARIABLES IMPLICADAS. Dignidad. Comunicación. Asertividad.

NOMBRE DE LA ACTIVIDAD	VAMOS A ELOGIAR
TIPO DE ACTIVIDAD	*Específica.*
OBJETIVO	Simular situaciones en donde elogiar.
SESIONES	1
LUGAR	Aula
ESTRUCTURA DE LA CLASE	Grupos pequeños
MATERIAL	No es necesario material específico

DESARROLLO DE LA ACTIVIDAD:

Los alumnos se dividirán en pequeños grupos de trabajo, y cada uno de ellos se inventará una situación en donde se pueda simular la habilidad interpersonal del elogiar.

Una vez terminada la preparación, cada grupo hará la representación de la simulación ensayada delante de los demás.

Se puede terminar con una puesta en común de reflexión sobre la importancia de los elogios.

OTRAS VARIABLES IMPLICADAS. Creatividad e iniciativa. Comunicación.

NOMBRE DE LA ACTIVIDAD	ADMIRACIÓN O ENVIDIA
TIPO DE ACTIVIDAD	*Específica.*
OBJETIVO	Escribir el motivo de la envidia y cómo se vencería, haciendo una lista de las cualidades de la persona a la que se admira o envidia.
SESIONES	1
LUGAR	Aula
ESTRUCTURA DE LA CLASE	Trabajo individual y del grupo de clase
MATERIAL	No es preciso material específico

DESARROLLO DE LA ACTIVIDAD:

Individualmente, los alumnos escriben en una hoja en qué situaciones o hacia qué personas sienten admiración o envidia y el motivo, y a continuación qué harían para que esta persona o situación no les causase sentimientos negativos, resaltando las cualidades.

El profesor recoge los trabajos para evitar que se conozcan las envidias intraclase, pero puede resaltar algunas partes de los escritos de algún alumno (de manera anónima), si ofrece aspectos modélicos.

Debatir luego, entre toda la clase, cómo la envidia se puede superar desde nosotros mismos.

OTRAS VARIABLES IMPLICADAS. Dignidad y autoestima. Revelación de sentimientos. Empatía interpersonal.

NOMBRE DE LA ACTIVIDAD	ANTENAS POSITIVAS
TIPO DE ACTIVIDAD	*Específica.*
OBJETIVO	Convencernos de la importancia de saber ver lo positivo en la vida y ser difusores de esa positividad.
SESIONES	1
LUGAR	Aula
ESTRUCTURA DE LA CLASE	Grupo de clase
MATERIAL	Papel y bolígrafo

DESARROLLO DE LA ACTIVIDAD:

El profesor explicará en una breve lección que las personas ante una misma realidad podemos diferenciarnos en cómo la percibimos.

Un ejemplo puede ser el del vaso que contiene exactamente el 50 % de su cabida en Coca Cola. (Puede incluso mostrarse realmente.)

Preguntar a algunos alumnos cómo lo ven.

Resaltar que algunas personas podrían decir que está medio lleno, otras medio vacío.

Destacar la importancia del lenguaje y de los mensajes como condicionantes de nuestra percepción y de nuestros sentimientos.

Las dos respuestas son verdaderas pero difieren en lo que significan para cada sujeto y cómo pueden influir una y otra en las personas que escuchan un mensaje u otro (sin haber visto el vaso).

A partir de ahí, cada alumno podría reflexionar sobre cómo acostumbra a ver las cosas: según el estilo «vacío» o el estilo «lleno». Puede detallar dos o tres situaciones que reflejaran con ejemplos su estilo propio.

Debate: sobre ventajas e inconvenientes de un estilo u otro.

El profesor resaltará la importancia de tener unas «antenas positivas» para saber hacer siempre una lectura positiva de la realidad, y poder así transmitirla a los demás.

OTRAS VARIABLES IMPLICADAS. Creatividad e iniciativa.

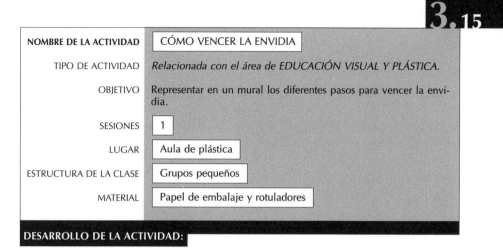

NOMBRE DE LA ACTIVIDAD	CÓMO VENCER LA ENVIDIA
TIPO DE ACTIVIDAD	*Relacionada con el área de EDUCACIÓN VISUAL Y PLÁSTICA.*
OBJETIVO	Representar en un mural los diferentes pasos para vencer la envidia.
SESIONES	1
LUGAR	Aula de plástica
ESTRUCTURA DE LA CLASE	Grupos pequeños
MATERIAL	Papel de embalaje y rotuladores

DESARROLLO DE LA ACTIVIDAD:

Los alumnos de dividirán en grupos pequeños y cada uno de ellos confeccionará un mural en donde queden reflejados los pasos y/o acciones necesarios para superar la envidia, como por ejemplo:

1) Pensar sobre estos sentimientos. Reconocerlos.
2) Describirlos o detallarlos en un papel.
3) Detallar los atributos de la persona envidiada que suscitan admiración o envidia.
4) En alguna ocasión atreverse a decir a la persona objeto de envidia que siente admiración por lo que ha hecho, o por su forma de ser.

Una vez terminado el mural se explicará al resto de grupos.

Los murales quedarán expuestos en el aula, pudiéndose hacer un debate sobre ellos.

OTRAS VARIABLES IMPLICADAS. Creatividad e iniciativa. Valoración de lo positivo en el comportamiento de los demás.

CREATIVIDAD E INICIATIVA PROSOCIALES

4

Resolución de problemas humanos. Análisis de alternativas. Toma de decisiones personales y participación en las colectivas.

OBJETIVO
Aumentar en los alumnos la «reflexión activa» que les facilite y estimule la creatividad e iniciativa orientadas a contribuir a la solución de los problemas de los demás.

ASPECTOS A TRABAJAR
Hemos agrupado aquellos elementos más significativamente asociados con la creatividad en una serie de diez factores, que adoptamos como esquema-conjunto de base para su optimización.

Éstos son:

Estimulación de la curiosidad y sensibilidad.
Fomento de la observación.
Aislamiento y concentración.
Expresión de la imaginación.
Flexibilidad de pensamiento.
Capacidad de relacionar.
Independencia de pensamiento frente a la presión del grupo.
Voluntad/persistencia.
Originalidad en la expresión a partir de la fluidez de ideas y de palabras.
Campo a la iniciativa y a la experimentación.

Todo ello para aplicar en la:

Resolución de problemas y tareas.
Análisis prosocial de las alternativas.
Toma de decisiones personales y participación en las colectivas.

FUNDAMENTOS DE ESTA VARIABLE
Frente a una tendencia a la masificación a la que nos conducen varios factores de la sociedad actual, entre los que pueden citarse las influencias de los medios de comunicación, observamos también una exigencia a la personalización que se traduce en una necesidad de promover la autorrealización, cultivar la originalidad, experimentar la propia iniciativa y creatividad, lógicamente con grandes diferencias entre las personas.

El sistema educativo tiene que preocuparse de transmitir a los individuos jóvenes el conocimiento, el saber, las «normas», pero también ha de estimular la originalidad, la creatividad mediante las cuales avanza el saber y por las cuales se pueden solucionar muchos problemas de relación humana y complejos problemas de estructura.

Creatividad e iniciativa son necesarias para crear un mundo más solidario.

Esta potenciación de la creatividad se tiene que dar en todas las materias que forman parte del currículum. Desde la perspectiva de la prosocialidad nos interesa especialmente el aspecto de resolución de problemas personales y participación en los colectivos.

El sujeto en su proceso para realizar una acción prosocial es primordial que como primer paso sea capaz de percibir la necesidad del otro, pero a continuación es necesario que tenga iniciativa y decisión para actuar, que sea capaz de buscar aquella actuación más correcta y asuma el posible coste que puede comportar el llevar a cabo esa acción.

Conviene reflexionar con los alumnos sobre cómo era la vida humana hace algunas décadas y cómo es en la actualidad. Si bien se podría discutir bastante sobre lo que se puede considerar «progreso», no cabe discutir que en muchos aspectos se ha «avanzado» gracias al ingenio humano.

Los inventos y descubrimientos han tenido lugar porque ha habido unos hombres que no se han contentado con lo que les rodeaba y se han dedicado a buscar soluciones a problemas de la realidad humana o alternativas que pudieran incrementar el bienestar.

Estos descubrimientos han sido siempre fruto de años de trabajo y sacrificio, de reflexión y concentración, aunque a veces los jóvenes puedan pensar que los inventos se deben a casualidades.

Estos aspectos del esfuerzo y sacrificio por una parte y de la necesidad de concentración, por otra, es interesante destacarlos ante nuestros alumnos, ya que inmersos como están en la cultura permisiva, de la facilidad y de la imagen, no están acostumbrados a desarrollarlas.

4.1

NOMBRE DE LA ACTIVIDAD	ORGANIZACIÓN PROSOCIAL
TIPO DE ACTIVIDAD	*Específica.*
OBJETIVO	Analizar normas para una organización prosocial.
SESIONES	1
LUGAR	Aula
ESTRUCTURA DE LA CLASE	Grupo de clase
MATERIAL	No es preciso material específico

DESARROLLO DE LA ACTIVIDAD:

El profesor aprovechará el tener que establecer reglas y normas de funcionamiento del aula, para que los alumnos las analicen colectivamente, teniendo en cuenta y procurando que sean consecuentes con una organización prosocial de la vida del aula.

OTRAS VARIABLES IMPLICADAS. Dignidad. Comunicación. Asertividad.

4.2

NOMBRE DE LA ACTIVIDAD	CONTINÚA LA HISTORIA...
TIPO DE ACTIVIDAD	*Relacionada con el área de LENGUA.*
OBJETIVO	Continuar un relato según la propia creatividad, introduciendo elementos prosociales.
SESIONES	1
LUGAR	Aula
ESTRUCTURA DE LA CLASE	Trabajo individual
MATERIAL	Tarjetas con diferentes comienzos de historias, hoja y bolígrafo

DESARROLLO DE LA ACTIVIDAD:

El profesor distribuirá tarjetas con diferentes comienzos de historias, cada alumno escogerá una tarjeta y tendrá que continuar el relato según su propia creatividad.

Se apreciarán, en esta creatividad, los elementos prosociales que introduzcan en el relato y/o desenlace de la situación.

OTRAS VARIABLES IMPLICADAS. Todas.

131

4.3

NOMBRE DE LA ACTIVIDAD	¿TE IMAGINAS UN CAMPO GRIS LLENO DE FLORES GRISES?
TIPO DE ACTIVIDAD	*Específica.* *Tarea en casa.*
OBJETIVO	Escribir en el cuaderno tres situaciones personales en las cuales piense haber actuado con iniciativa y creatividad.
SESIONES	1
LUGAR	Aula, taller de plástica o laboratorio
ESTRUCTURA DE LA CLASE	Grupo de clase
MATERIAL	Cuaderno, bolígrafo

DESARROLLO DE LA ACTIVIDAD:

El profesor explicará los objetivos que se pretenden conseguir. Pondrá de relieve todos los beneficios aportados a la humanidad por los hombres que en la historia han actuado con iniciativa y creatividad, y por los que hoy en día también lo hacen así, que han supuesto y suponen avances en campos muy diversos: arte, ciencia, política, deporte, etc. Les hará ver que en caso contrario aún nos encontraríamos en la edad de piedra. Si quiere puede utilizar la imagen que da título a esta actividad: «¿Te imaginas un campo gris lleno de flores grises?», destacando la importancia que tiene el que cada persona se esfuerce en encontrar aquello —pequeño o grande, mucho o poco— que sólo ella puede aportar a la colectividad, porque supone un don para todas las demás personas y genera una diversidad, que —si se vive en armonía y sin afán de imposición (origen de los funestos igualitarismos y totalitarismos)— lejos de crear divisiones crea vínculos, ya que cada uno se siente atraído por la originalidad del otro y siente la necesidad de ser más plenamente humano, perteneciente a una sociedad más rica, plural y positiva.

Explicará que el afán de investigación, el espíritu de crítica constructiva y de autocrítica, la capacidad de observación, la imaginación, la concentración, la flexibilidad de pensamiento, la originalidad, etc., son elementos necesarios para desarrollar la creatividad.

Posteriormente, pedirá que cada alumno escriba tres situaciones personales en las que piensa haber actuado con iniciativa y creatividad, según lo que se ha explicado, y finalmente cada uno de ellos las leerá al resto de la clase. El profesor reforzará verbalmente todas las intervenciones, enfatizando aquellas que sobresalgan por su originalidad.

OTRAS VARIABLES IMPLICADAS. Dignidad y autoestima. Comunicación. Modelos positivos reales y en la imagen. Prosocialidad colectiva y compleja.

NOMBRE DE LA ACTIVIDAD	REPORTEROS OCASIONALES
TIPO DE ACTIVIDAD	*Relacionada con el área de LENGUA.* *Tarea en casa.*
OBJETIVOS	- Elaborar una entrevista que contenga un mínimo de quince preguntas. - Realizarla a un personaje destacado del barrio o del pueblo escogido previamente y que sobresalga por tener iniciativa en resolver cuestiones comunitarias o por la participación en tareas colectivas.
SESIONES	2
LUGAR	Aula o fuera de la escuela
ESTRUCTURA DE LA CLASE	Grupos de cuatro a cinco alumnos
MATERIAL	Folios, libreta, bolígrafo (y, si se quiere, magnetófono, máquina fotográfica...)

DESARROLLO DE LA ACTIVIDAD:

Esta actividad requerirá dos sesiones en clase, además del tiempo extraescolar.

En la primera sesión, el profesor presentará la actividad diciendo a los alumnos que, a partir de aquel momento y durante los próximos días, los considera a todos unos excelentes profesionales del mundo del periodismo, y que, por lo tanto, no le pueden decepcionar en su tarea de reporteros, que consistirá en realizar una entrevista bien original.

El tema central de la entrevista será: alternativas prosociales a problemas colectivos. Destacar las experiencias que muestren conductas de perdón.

Se formarán grupos de cuatro o cinco alumnos que pensarán en un personaje destacado del barrio o del pueblo a quien les gustaría entrevistar. Una vez acordado el personaje, elaborarán juntos la entrevista, que se debe caracterizar por su originalidad y tener, por lo menos, quince preguntas.

El profesor asesorará a los grupos que se lo pidan, pero dejará que los alumnos elaboren y realicen libremente según los propios criterios la entrevista.

El día acordado para realizar la segunda sesión se hará una puesta en común de las diferentes entrevistas efectuadas, donde cada grupo destacará las actividades creativas desarrolladas por «su» personaje. Al final, se analizarán las actividades creativas que hayan salido y se hará una valoración conjunta.

El profesor valorará positivamente todas las entrevistas y felicitará a los reporteros por la buena tarea hecha. En caso de existir una revista escolar, se podrían publicar aquellas que, según la opinión general de todos, sean más destacadas por su nivel de originalidad.

OTRAS VARIABLES IMPLICADAS. Valoración positiva del comportamiento de los demás. Modelos positivos reales y en la imagen. Cooperación.

NOMBRE DE LA ACTIVIDAD	¡TOMEMOS DECISIONES!
TIPO DE ACTIVIDAD	*Específica.*
OBJETIVOS	- Optar por una solución de entre una serie de posibilidades. - Aportar en cada caso otra distinta a las propuestas.
SESIONES	1
LUGAR	Aula
ESTRUCTURA DE LA CLASE	Grupo de clase o grupos de cinco alumnos
MATERIAL	Libros de la colección «Elige tu propia aventura»[1], u otros de la misma clase, publicados en castellano y/o en otras lenguas, o ejercicios tipo *The situation* en lengua inglesa que presenten argumentos de elección múltiple

DESARROLLO DE LA ACTIVIDAD:

Si se realiza esta actividad optando por la estructura de grupo de clase, un alumno leerá en voz alta el libro (o el ejercicio) hasta que llegue el planteamiento de las distintas posibilidades de solución. Al llegar el momento de la decisión, el profesor preguntará a cinco alumnos secuencialmente cuál sería la posibilidad que ellos elegirían. Si hay unanimidad en las respuestas, se opta por la solución dada y otro alumno continúa la lectura hasta el siguiente planteamiento múltiple. En caso de desacuerdo en las respuestas, se solicita la ayuda del resto de la clase, hasta que se encuentra una solución mayoritaria. El profesor tendrá en cuenta que todos los alumnos hayan tenido que manifestar su opción en algún momento.

Si la actividad se realiza en agrupamientos de cinco alumnos, cada grupo tendrá a su disposición uno de los libros mencionados (puede ser el mismo para todos o bien uno diferente por grupo). La dinámica de la lectura puede ser igual que en la actividad de grupo de clase. Se les explica claramente que las soluciones las han de manifestar todos en cada caso, e intentar llegar a un acuerdo unánime. Al final, se hace una puesta en común del desenlace de la aventura a que ha llegado cada grupo.

OTRAS VARIABLES IMPLICADAS. Habilidades de relación social. Asertividad. Cooperación.

---

[1] Versiones castellana y catalana publicadas por Editorial Timun Mas, 1985 (si se solicita, envían gratuitamente a los educadores una guía didáctica de la colección).
Edición inglesa: *Choose your own adventure.* Bantam Books Inc., Nueva York, 1984.

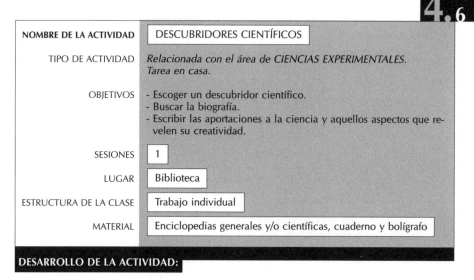

NOMBRE DE LA ACTIVIDAD	DESCUBRIDORES CIENTÍFICOS
TIPO DE ACTIVIDAD	*Relacionada con el área de CIENCIAS EXPERIMENTALES.* *Tarea en casa.*
OBJETIVOS	- Escoger un descubridor científico. - Buscar la biografía. - Escribir las aportaciones a la ciencia y aquellos aspectos que revelen su creatividad.
SESIONES	1
LUGAR	Biblioteca
ESTRUCTURA DE LA CLASE	Trabajo individual
MATERIAL	Enciclopedias generales y/o científicas, cuaderno y bolígrafo

DESARROLLO DE LA ACTIVIDAD:

El profesor de ciencias experimentales propondrá a los alumnos que busquen la biografía de un personaje escogido por ellos, célebre por sus descubrimientos científicos relacionados con el tema que se esté impartiendo en aquel momento (por ejemplo: Copérnico, Galileo o Kepler, si se está trabajando la teoría heliocéntrica; Kranklin, Coulomb, Volta, si se trabaja la electricidad, así como Premios Nobel del campo que nos interese).

Sería conveniente poner de relieve, siempre, su contribución prosocial a la humanidad.

Una vez encontrada la biografía, el alumno anotará en su cuaderno las aportaciones concretas al mundo científico del personaje escogido, y también aquellos aspectos presentes en la biografía que denoten su creatividad e iniciativa (afán de investigación, capacidad de observación, imaginación, perseverancia).

Finalmente se hará una puesta en común de las anotaciones de cada alumno, que el profesor o un alumno podrá ir anotando en la pizarra, comentando las coincidencias que se vayan dando entre los diferentes alumnos.

OTRAS VARIABLES IMPLICADAS. Creatividad e iniciativa. Asertividad. Modelos prosociales.

NOMBRE DE LA ACTIVIDAD	EL CÓMO Y EL POR QUÉ
TIPO DE ACTIVIDAD	*Específica.*
OBJETIVO	Escribir en el cuaderno la solución a una situación conflictiva expuesta por el profesor.
SESIONES	1
LUGAR	Aula
ESTRUCTURA DE LA CLASE	Grupo de clase
MATERIAL	Cuaderno, bolígrafo

DESARROLLO DE LA ACTIVIDAD:

En primer lugar, el profesor dará una explicación del objetivo que se pretende conseguir: descubrir el por qué y el cómo de las soluciones a un problema, aunque por regla general nos resulte mucho más sencillo y evidente el qué. Hará ver que normalmente nos cuesta mucho más hacer un análisis y una reflexión que no aceptar los hechos tal como nos vienen dados y que esto es causa de un déficit de creatividad, ya que tendemos a menudo de forma espontánea a no ser críticos ni creativos, sino conformistas. Dejará claro que, no obstante, esta actitud es educable y, por lo tanto, delante de una situación problemática o conflictiva es necesario detenerse para reflexionar, evitando las reacciones primarias, que a menudo comportan consecuencias muy negativas.

Así pues, hay que evitar la aceptación pasiva y el conformismo, de la misma forma que las acciones incontroladas o «viscerales». En cambio, debemos tener una actitud reflexiva, de crítica positiva delante de los hechos.

De esta manera, facilitaremos el proceso para encontrar la solución más apropiada a un problema concreto y, cualquiera que sea su ámbito, pequeño o grande, desde él habremos colaborado en la formación de un mundo más justo.

Acabado este proceso de «sensibilización cognitiva», y como «entrenamiento», el profesor pedirá a los alumnos que cada uno de ellos, haciendo uso de toda su capacidad creativa, escriba la solución que le parezca más positiva a una situación conflictiva que les explicará seguidamente.

Finalmente, se hará una puesta en común de las diferentes soluciones dadas al mismo problema y, realizando un análisis colectivo de todas ellas, se irán anotando en la pizarra las que se consideren más logradas.

OTRAS VARIABLES IMPLICADAS. Asertividad. Prosocialidad colectiva y compleja.

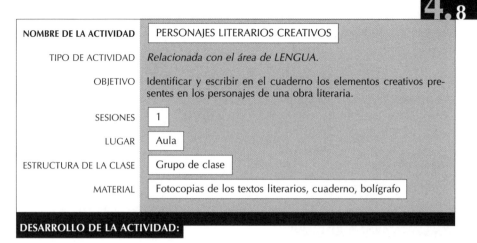

NOMBRE DE LA ACTIVIDAD	PERSONAJES LITERARIOS CREATIVOS
TIPO DE ACTIVIDAD	*Relacionada con el área de LENGUA.*
OBJETIVO	Identificar y escribir en el cuaderno los elementos creativos presentes en los personajes de una obra literaria.
SESIONES	1
LUGAR	Aula
ESTRUCTURA DE LA CLASE	Grupo de clase
MATERIAL	Fotocopias de los textos literarios, cuaderno, bolígrafo

DESARROLLO DE LA ACTIVIDAD:

El profesor escogerá alguna obra literaria que se caracterice por tener algún personaje con un alto grado de creatividad. Sugerimos, por ejemplo, los dos primeros capítulos del libro *El principito*, de Antoine de Saint-Exupéry, o bien los capítulos 4.º y 5.º de *Momo*, de Michael Ende. Cualquiera de estas dos obras puede ayudar a introducir el aspecto de la creatividad. Si es la primera actividad que se trabaja de esta variable, el profesor hará una introducción donde se referirá principalmente a la importancia de la imaginación y de la fantasía como dos cualidades fundamentales de la vida de las personas y presentará el texto escogido como ejemplo de tales cualidades.

En primer lugar, se leerá en voz alta el texto escogido, y todos los alumnos leerán la lectura en las fotocopias que les habrán sido entregadas antes.

A continuación, cada uno de ellos releerá el texto pausadamente, anotando en su cuaderno los elementos que considera más representativos de la creatividad del personaje o personajes. Al final, se hará una puesta en común de las observaciones recogidas.

Si la lectura se ha hecho sobre alguno de los textos sugeridos, el maestro, que habrá valorado positivamente todas las observaciones de los alumnos, puede intervenir al final de manera que, si ningún alumno hubiese hecho mención, llame la atención de éstos sobre el contraste existente entre la falta de imaginación de la «gente adulta» frente al dibujo de la boa y la intuición inmediata del principito; o bien entre la actitud de censura de la gente del pueblo frente a las historias inventadas por Gigi Cicerone y la actitud benévola y comprensiva de Momo y Beppo. De esta manera, exhortará a los alumnos a no «envejecer» nunca y saber mantener una actitud «fresca», de sorpresa, frente a las pequeñas cosas de la vida de cada día, que evita caer en la rutina y el aburrimiento.

OTRAS VARIABLES IMPLICADAS. Valoración positiva del comportamiento de los demás. Empatía interpersonal y social. Modelos prosociales.

4.9

NOMBRE DE LA ACTIVIDAD	PASOS PARA LA RESOLUCIÓN DE PROBLEMAS HUMANOS
TIPO DE ACTIVIDAD	*Relacionada con el área de EDUCACIÓN VISUAL Y PLÁSTICA.*
OBJETIVO	Elaborar un mural con los pasos a seguir para la solución de problemas.
SESIONES	1
LUGAR	Aula
ESTRUCTURA DE LA CLASE	Gran grupo
MATERIAL	Papel de embalaje y rotuladores

DESARROLLO DE LA ACTIVIDAD:

Entre todos los alumnos confeccionarán un mural, donde figuren los pasos a seguir en la resolución de problemas humanos.

Éstos son:

1. Identificación del problema.
2. Presentación y definición del problema.
3. Búsqueda de alternativas para la solución.
4. Verificación de las soluciones.
5. Toma de decisiones.
6. Acuerdos colectivos.

En el mural se ejemplificará cada uno de estos pasos, y servirán también para ponerse de acuerdo a la hora de confeccionar el mismo mural, planteando éste como un problema o tarea a resolver.

El profesor incitará a todos a participar y animará y agradecerá las intervenciones de cada uno.

OTRAS VARIABLES IMPLICADAS. La ayuda, el compartir. Comunicación.

NOMBRE DE LA ACTIVIDAD	VENTAJAS DEL PERDONAR
TIPO DE ACTIVIDAD	*Específica.* *Relacionada con cualquier área.*
OBJETIVO	Debatir ventajas e inconvenientes del perdonar.
SESIONES	1
LUGAR	Aula
ESTRUCTURA DE LA CLASE	Grupo de clase
MATERIAL	Artículo de investigación

DESARROLLO DE LA ACTIVIDAD:

Leer un extracto de los puntos de la investigación del Dr. Reinhard Tausch de la Universidad de Hamburgo (*Ciudad Nueva*, febrero, 1996), que habla sobre las ventajas psicológicas del perdonar.

A continuación se abrirá una exposición oral de experiencias propias al respecto del tema y se debatirán las ventajas y los inconvenientes del perdonar.

OTRAS VARIABLES IMPLICADAS. Comunicación y expresión de sentimientos. Resolución de la agresividad.

«PERDONAR ES HUMANO»

El no poder perdonar, enferma; pero no sólo afecta a la salud física y psíquica, porque el perdón es también importante para el bien común. Entrevistamos a Reinhard Tausch, profesor de psicología durante 30 años de la Universidad de Hamburgo, autor de publicaciones sobre terapias en casos de estrés y de agotamiento.

— **¿Por qué el perdón es un tema poco tratado por los psicólogos?**

— «Hasta ahora, los motivos para incitar a una persona a perdonar han sido de tipo religioso. Ahora bien, como las ciencias han tratado de mantenerse independientes de las convicciones religiosas y de determinar empíricamente si sus conclusiones eran verdaderas o falsas, y como además los psicólogos se manejan con métodos empíricos, evitaron siempre tratar esta cuestión del perdón.»

— **¿Cómo se le ocurrió entonces estudiar con métodos científicos el significado del perdón?**

— «Cuando le preguntaba a alguien qué era lo que le había ayudado a salir a flote de alguna crisis grave de su vida, frecuentemente me decían por toda respuesta que, perdonando, habían logrado sobreponerse a su amargura y a sus heridas psicológicas.

»Por otra parte, en el curso de seminarios, conferencias e investigaciones, me llamaba la atención el hecho de que un gran número de personas se sentían profundamente heridas, durante períodos bastante largos, por acciones y palabras de los demás. No llegaban a perdonar y se sentían atormentadas por la amargura, el rechazo, el odio y los reproches: se sentían mal.

»Fue por eso por lo que decidí investigar sobre el perdón en colaboración con la psicóloga Angela Harz. Queríamos ver qué es lo que pasa cuando perdonamos, qué es lo que obstaculiza y qué es lo que facilita este proceso, y cuáles son los efectos producidos por el perdón.»

— **¿Cuáles fueron los resultados de su investigación?**

— «Comprobamos que, evidentemente, el perdón produce efectos psicoterapéuticos, de naturaleza psíquica y física. De ello se puede deducir que los mensajes de Jesús y de Buda, que nos enseñan a perdonar, nos ayudan a soportar mejor las crisis de nuestra vida terrenal. No se trata entonces de mensajes que reprimen al ser humano, sino que más bien nos dicen cómo podemos superar en esta tierra nuestras dificultades y vivir mejor con los demás.»

— **¿Cuáles fueron los resultados que más le llamaron la atención en sus trabajos?**

— «Del 70 al 80 % de los interrogados respondieron: "A mí me han perdonado muchas veces y de la misma manera yo he perdonado a los demás". Lo que nos sorprendió fue este porcentaje tan elevado. En segundo lugar, nos llamaron la atención los enormes efectos producidos por el perdón, que modifica de manera neta los sentimientos, el estado de salud psíquica y el universo mental.»

— **¿Podría describir más ampliamente estos efectos?**

— «El 75 % de las personas interrogadas por nosotros nos dijo: "Desde el momento en que perdoné, la relación con el otro mejoró notablemente. Me liberé de rencor y de animosidad y me era posible relacionarme con él con una nueva libertad y sin necesidad de llevarle la contraria. Nuestra relación ha adquirido cierta armonía". El odio, la amargura y la cólera, estos sentimientos negativos tan fuertes, disminuyen considerablemente y llegan a desaparecer. Esto es esencial, porque sabemos que son sentimientos física y psicológicamente destructivos. Al mismo tiempo, hubo muchas personas que dijeron: "Al perdonar, comprendí cosas importantes".

»A su vez, este estudio nos ha proporcionado otra importante enseñanza: quienes más fácilmente perdonan a los demás, mejor llegan a perdonarse a sí mismos. Y también que aquellas personas que son más bien depresivas y tienen dificultades psicológicas, encuentran más dificultades para perdonar; en cambio, las personas psicológicamente sanas lo consiguen con mayor facilidad y rapidez. Cuando superan su depresión, aquellas personas se vuelven mentalmente más flexibles y son más capaes de perdonar, mientras que quienes padecen una depresión grave difícilmente logran desprenderse de sus pensamientos negativos.»

— **¿Hay alguna diferencia entre perdonar y disculpar?**

— «Las dos palabras se refieren al mismo proceso. La mayor parte de los entrevistados asegura que perdonan cuando se trata de alguna herida o perjuicio grave. El término "disculpar" lo emplean para cosas menores; por ejemplo, uno disculpa a los niños por sus pequeñas faltas o descuidos.»

— **¿Qué sucede cuando uno perdona? ¿Qué es lo que lleva a alguien a perdonar?**

— «Con frecuencia, el perdón va precedido por un largo coloquio consigo mismo. Después de una ofensa, uno es constantemente presa de sentimientos de odio, de rabia, de cólera. Después, van apareciendo gradualmente ideas que aclaran poco a poco el hecho en cuestión: ¿qué parte de responsabilidad tiene el otro?, ¿qué es lo que yo hice mal? Con el tiempo, aprendemos a ponernos en el lugar del otro y logramos así imaginarnos mejor qué es lo que nosotros habríamos hecho en su lugar y cuál era su estado mental y físico. Muchas veces se llega pronto a la conclusión de que "en su situación, uno podría haber actuado de la misma manera". A partir de ahí, uno da muestras de cierta comprensión hacia el otro.

»Por otra parte, y sobre todo cuando nos damos cuenta de que somos parcialmente responsables de esa situación, dejamos de acusar. De la misma forma, causa un gran alivio que el otro se excuse y cambie su comportamiento. Uno termina por tomar conciencia de que no sirve para nada guardar rencor u odio. Lo que pasó, pasó, y es imposible anularlo. Y es de sabios volver a empezar sobre nuevas bases. No sería raro que fuera el amor por el otro lo que nos permitiese perdonar: "Yo a esa persona la amo. Lo que pasó, pasó. Yo nunca voy a dejar de quererla".

»El deseo de vivir en armonía con uno mismo y en paz con los demás suscita igualmente el perdón.»

— **¿Cómo se aprende a perdonar?**

— «El 40 % de las personas interrogadas en el marco de nuestras investigaciones nos dijeron que lo aprendieron de sus padres, que les habían perdonado a ellas. Un 20 % dijo que lo que les había abierto al perdón había sido el mal ejemplo, porque vieron en sus padres o en otros las consecuencias negativas del no saber perdonar. Su propósito fue precisamente el de no imitarlos. En esos casos, un mal ejemplo ejerció una positiva influencia. Y para alrededor de un 30 % de las personas interrogadas, la fuente del perdón fue su religión.»

— **¿Perdonar quiere decir, al mismo tiempo, olvidar?**

— «No, esto no quiere decir que el acontecimiento doloroso se reprima, o que simplemente se olvide. Más bien, el perdón le da otro significado. En efecto, se comprende mucho mejor por qué actuaron así las personas implicadas; y se llega a recordar el acontecimiento sin que aparezcan sentimientos negativos.»

— **¿El perdón no puede acaso ser interpretado como un signo de debilidad?**

— «Perdonar no quiere decir alentar al otro a continuar ofendiendo. Es necesario decirle con calma y con determinación: "Esto me ha provocado un daño, y yo lo perdono, pero no vuelvas a hacerlo, porque de lo contrario podría tener tales y tales consecuencias". Hay que marcar claramente los límites. Perdonar no tiene nada que ver con la blandura. Hombres que para nosotros son encomiables ejemplos de perdón se han distinguido por su valentía y fuerza de ánimo, como Mahatma Gandhi o Martin Luther King, como Nelson Mandela y Frederik de Klerk, o como los Nobel de la paz de 1994, Isaac Rabin, Shimon Peres y Yasser Arafat. Saber perdonar es un signo de fuerza y no de debilidad.»

— **Acaba usted de citar como ejemplo a políticos. En la política, al perdonar, ¿se puede cambiar algo?**

— «Por supuesto. Los hombres que acabo de nombrar tomaron conciencia de que necesitaban cooperar con el enemigo para evitar a sus pueblos mayores males. Cuando Nelson Mandela salió de la prisión, después de veinte años, no pensó en la venganza, sino que su acción estuvo más bien orientada por el siguiente planteamiento: ¿Qué es posible hacer en la situación actual para bien de los negros y de los blancos en África del Sur? No era cuestión entonces de represalias, sino de perdón. O en el caso de Rabin y Arafat, después de todo lo que había pasado entre judíos y palestinos... ¡Cuánto dolor y desesperación! ¡Cuántas miserias, muertes y expulsiones! A pesar de ello, estos dirigentes políticos terminaron por tomar conciencia de que era imprescindible trabajar juntos. Esto ha supuesto el perdón, que es posible también en situaciones extremas como ésta.

»De todos modos, tanto en África del Sur como en Israel y Palestina se necesitó mucho tiempo para que el proceso de paz se pusiese en marcha. De la misma forma, en el curso de nuestras investigaciones hemos comprobado que algunas personas necesitan años para perdonar, aunque se trate de cosas de poca monta. Es de esperar que otros pueblos y las generaciones futuras saquen provecho de la experiencia de palestinos e israelíes, o de la de África del Sur. Desde este punto de vista ese indecible sufrimiento tomará un sentido y la humanidad dará paso adelante hacia la evolución.

»Siempre será difícil alcanzar una justicia perfecta en esta tierra. Y en muchos casos, incluso no se podrán reparar los daños infligidos. Lo que debemos hacer es esforzarnos en cada caso por hacer respetar la justicia, según nuestras posibilidades.»

— **En Bosnia, a pesar de la firma de la paz, la situación parece todavía hoy tan enredada que uno se pregunta si los hombres podrán alguna vez vivir en paz juntos. ¿Dónde se podrán encontrar fuerzas para intentar un nuevo punto de partida con sus enemigos?**

— «Reconozco que eso es muy difícil, pero al mismo tiempo no puedo dejar de pensar en Viktor Frankl, ese profesor psicoterapeuta de Viena. Llevado a un campo de concentración con sus padres y su esposa, fue el único que escapó con vida. Recientemente le preguntaron en la televisión qué fue lo que sintió y pensó cuando lo liberaron, a lo que contestó: "Yo quería mostrarme digno de haber tenido el derecho a seguir viviendo por el resto de mi vida", contestó. Las palabras de este hombre, que por otra parte siempre se había pronunciado contra aquella tragedia colectiva, no expresaban odio hacia los demás, ni conmiseración consigo mismo; lo que demuestra que se puede perdonar después de haber sufrido daños terribles. Y el ser humano es capaz de ello.»

— **¿Ve usted el futuro con optimismo?**

— «Soy optimista en la medida en que podemos hacer una infinidad de cosas para vivir en armonía. Pero también es cierto que hay una cantidad de cosas que influyen en sentido contrario. Es un desafío.»

— **¿Cómo aprendió usted a perdonar?**

— «En primer lugar, para mí ha sido importante el mensaje cristiano de "no juzgar".

»Como científico y como psicólogo, supongo que muy probablemente yo habría actuado como aquél al que me siento inclinado a condenar si hubiera estado en su lugar, con su inteligencia y con su experiencia de vida.»

COMUNICACIÓN. REVELACIÓN DE SENTIMIENTOS. LA CONVERSACIÓN

OBJETIVOS

— Trabajar las actitudes y habilidades para la comunicación de calidad, en un nivel adecuado a cada edad.

— Identificar los propios sentimientos estimulados por los sucesos naturales o familiares o por lecturas, naturaleza, arte, cine, televisión, etc.

— Comunicar los sentimientos positivos, de felicidad:
Agrado.
Agradecimiento.
Deseos.
Los sentimientos negativos o de pena, que no lesionen a otros.

ASPECTOS A TRABAJAR

— Identificar los propios sentimientos. Es muy importante para cualquier persona el tomar consciencia de sus propios sentimientos: constatar su existencia, darles un nombre; serán los primeros pasos para poder controlarlos.

— Experimentar formas diferentes de expresar los sentimientos a los demás.

— Tomar consciencia de la oportunidad de expresar determinados sentimientos. La comunicación de sentimientos se debe dar en los momentos oportunos en los que nuestro receptor está preparado para acogerlos: nuestra alegría ante un hecho puede molestar a una persona con una gran preocupación.

— Saber expresar sentimientos positivos y negativos. Generalmente estamos poco habituados a expresar sentimientos de agradecimiento a una persona, de agrado ante un comportamiento, y sin embargo todos sabemos lo mucho que nos gusta.

En contraposición, en demasiadas ocasiones expresamos nuestros sentimientos de disgusto o de reproche hacia alguien. Sería necesario aprender a dominar la expresión de reproches «sobre la marcha» y buscar ocasiones en las que con paz podemos expresar aquello que nos disgusta de tal manera que no hiramos al otro.

— Interesarse por los sentimientos de los demás. Aunque este aspecto lo trabajaremos en la siguiente variable, inevitablemente se empezará a dar en el trabajo de la presente.

FUNDAMENTOS DE ESTA VARIABLE

La comunicación de los padres con los hijos y en especial la apertura del mundo psíquico del adulto (modelo) a través de la revelación de sentimientos constituye para los autores una vía eficaz para la elaboración de las capacidades empáticas, factor que pensamos es imprescindible optimizar de cara a un aumento de la prosocialidad, como podremos ver en la variable siguiente.

Podemos pues relacionar la habilidad del sujeto para identificar sus propios sentimientos, con la experiencia de reconocer e identificar los sentimientos ajenos.

Así también se ha podido constatar que los niños que han crecido en un ambiente en el que eran bien acogidas y potenciadas sus expresiones de sentimientos y por lo tanto han podido aprender a identificar y expresar sus sentimientos se mostraban mucho más receptivos en captar las necesidades de los otros y en prestarles ayuda.

Muchas veces los educadores nos encontramos ante un dilema cuando nos proponemos el dar la oportunidad a los alumnos de expresarse, ya que fácilmente se nos puede «escapar» el control de la clase o bien prever dificultades para cumplir con el programa de clase.

Será necesario según las características personales y del grupo de clase buscar el método más adecuado para cada ocasión, pero es importante que potenciemos esta comunicación en el aula y no sólo entre alumnos y profesor, sino entre los propios compañeros animándoles a que sus conversaciones sean de «calidad» por haber introducido en ellas la expresión de sentimientos.

Naturalmente en este tema, como en el resto de las variables, será muy importante que el profesor actúe como modelo y sea él el primero en expresar sentimientos suyos delante de la clase, ya sea producidos por acontecimientos vividos dentro del recinto escolar, o por noticias u otros hechos, claro está que preservando la propia intimidad.

NOMBRE DE LA ACTIVIDAD	ANÉCDOTAS DE NUESTRA INFANCIA
TIPO DE ACTIVIDAD	*Específica.* *Tarea en casa.*
OBJETIVO	Preguntar a sus padres una anécdota agradable de su infancia para que surjan sentimientos. Representarlas.
SESIONES	2
LUGAR	En casa y en el aula
ESTRUCTURA DE LA CLASE	Trabajo individual junto con sus padres
MATERIAL	No es preciso material específico

DESARROLLO DE LA ACTIVIDAD:

Esta actividad tiene dos partes:

A) En la familia, cada alumno deberá preguntar a sus padres una anécdota agradable de su infancia, con la finalidad que se expresen sentimientos.

B) Una vez en el aula prepararán un *role playing* para mostrarlo al resto de sus compañeros.

Es deseable que el profesor las haya conocido previamente para evitar que aparecieran contenidos que atentaran a la imagen positiva de los protagonistas.

OTRAS VARIABLES IMPLICADAS. Dignidad y autoestima. Valoración de lo positivo en el comportamiento de los demás.

5.2

NOMBRE DE LA ACTIVIDAD	REGISTRO PERSONAL: CAMBIOS EXPERIMENTADOS
TIPO DE ACTIVIDAD	*Específica.* *Tarea en casa.*
OBJETIVO	Elaborar un anecdotario donde figuren los cambios emocionales experimentados durante tres días.
SESIONES	3
LUGAR	Entorno
ESTRUCTURA DE LA CLASE	Trabajo individual
MATERIAL	Cuaderno de notas

DESARROLLO DE LA ACTIVIDAD:

El profesor explicará en clase que los sentimientos no se pueden negar; hemos de ser conscientes de ellos para poderlos controlar mejor y de esta manera evitar herir o hacer daño a los otros impulsados por ellos. Es conveniente habituarse al hecho de que los sentimientos los podemos expresar de forma abierta y mejorar la comunicación con las personas que nos rodean.

Habituarse a conocer los propios sentimientos no es una tarea fácil, pero se puede conseguir con la práctica asidua y haciendo el esfuerzo de pararnos a menudo a reflexionar sobre aquello que nos pasa.

El desarrollo de la actividad propiamente dicha es: cada alumno elaborará un anecdotario, donde especificarán las variaciones del estado de ánimo que experimente durante el día.

Será necesario en cada ocasión hacer una breve referencia a la situación concreta que ha provocado el cambio anotado. La experiencia durará tres días.

Pasados los tres días, los alumnos en grupos de cinco o seis tendrán una entrevista con el profesor a fin de presentar sus anecdotarios y sobre todo para expresar cómo les ha ido, qué provecho han sacado, si les ha gustado, con qué dificultades se han encontrado en su elaboración, etc.

OTRAS VARIABLES IMPLICADAS. Dignidad y autoestima.

NOMBRE DE LA ACTIVIDAD	LA FOTOGRAFÍA
TIPO DE ACTIVIDAD	*Específica.* *Relacionada con el área de EDUCACIÓN VISUAL Y PLÁSTICA.*
OBJETIVO	Expresar los sentimientos que le provocan una serie de fotografías.
SESIONES	1
LUGAR	Aula
ESTRUCTURA DE LA CLASE	Trabajo individual
MATERIAL	Fotografías adecuadas, papel y bolígrafo

DESARROLLO DE LA ACTIVIDAD:

Antes de empezar la actividad haremos una reflexión conjunta, comentando la importancia de los sentimientos y de su expresión, destacando que hay muchísimas cosas que nos hacen sentir diferentes sensaciones, como es el caso de las artes en general y en nuestro caso particular, las fotografías.

Repartiremos diversas fotografías en las que se vean situaciones del mundo, como, por ejemplo, el nacimiento de un bebé, gente que pasa hambre, etc.

Los alumnos tendrán que redactar los sentimientos que les sugieren las distintas fotografías. Posteriormente las leerán en voz alta, al tiempo que las enseñan.

OTRAS VARIABLES IMPLICADAS. Dignidad y autoestima. Empatía interpersonal y social.

5.4

NOMBRE DE LA ACTIVIDAD	DEBATE SOBRE UN PARTIDO DE FÚTBOL
TIPO DE ACTIVIDAD	*Relacionada con el área de EDUCACIÓN FÍSICA.*
OBJETIVOS	- Debatir sobre los propios sentimientos experimentados al finalizar un partido de fútbol. - Comparar, resaltar y analizar tipos diferentes de sentimientos.
SESIONES	1
LUGAR	Aula
ESTRUCTURA DE LA CLASE	Gran grupo
MATERIAL	No es preciso material específico

DESARROLLO DE LA ACTIVIDAD:

Una vez finalizado un partido de fútbol entre los integrantes de la clase, el profesor propondrá hacer un debate sobre cómo nos sentimos, comparando y resaltando los sentimientos y estados de ánimo de los que han ganado y de los que han perdido, analizándolos entre todos.

Se hará especial hincapié en tratar el sentimiento de la envidia para analizar de qué manera se puede superar.

Al mismo tiempo se extraerán aquellos que son positivos, revalorizándolos y dándose cuenta de la inutilidad de los negativos.

OTRAS VARIABLES IMPLICADAS. Dignidad y autoestima. Asertividad y resolución de la agresividad.

NOMBRE DE LA ACTIVIDAD	ENCUESTA
TIPO DE ACTIVIDAD	*Relacionada con el área de MATEMÁTICAS.*
OBJETIVOS	- Pasar una encuesta a diferentes personas propuestas. - Elaborar las gráficas correspondientes.
SESIONES	3
LUGAR	Calle y aula
ESTRUCTURA DE LA CLASE	Grupos de dos
MATERIAL	Grabadora, cuestionario, cuaderno y bolígrafo

DESARROLLO DE LA ACTIVIDAD:

Se establecerán los grupos de dos y se les repartirá el cuestionario que han de pasar a diferentes personas, que han de ser: un anciano, un chico de 14 años, un carnicero, un guardia municipal, un albañil, un ama de casa, un estudiante universitario, una enfermera, un enfermo, etc.

Las respuestas se grabarán y, otra vez en la clase, se confeccionarán las gráficas correspondientes para poder presentarlas en una posterior puesta en común delante del resto de la clase.

La finalidad de esta encuesta es saber la opinión que tiene la gente de la felicidad.

En la puesta en común se procurará que los alumnos se den cuenta que la felicidad no todos la entienden igual y que los sentimientos de una persona pueden variar de los de otra, manifestándolos cada uno a su manera.

Un ejemplo de cuestionario puede ser el siguiente:

1. ¿Se siente usted feliz?
2. ¿En qué momentos del día se siente más feliz?
3. Nombre dos de los momentos más felices de su vida que ahora recuerde.
4. Diga tres cosas que usted considere que son importantes para ser feliz.
5. Defina la felicidad con una sola palabra.
6. Si no es del todo feliz, ¿qué le falta para serlo?

OTRAS VARIABLES IMPLICADAS. Habilidades de relación interpersonal.

5.6

NOMBRE DE LA ACTIVIDAD	REPRESENTACIÓN MÍMICA DE LO QUE ME GUSTA Y DE LO QUE HAGO
TIPO DE ACTIVIDAD	*Específica.* *Relacionada con el área de EDUCACIÓN FÍSICA.*
OBJETIVO	Realizar sesiones de expresión corporal y explicar los sentimientos experimentados.
SESIONES	2
LUGAR	Teatro
ESTRUCTURA DE LA CLASE	Grupo de clase
MATERIAL	No es preciso material específico

DESARROLLO DE LA ACTIVIDAD:

El profesor propondrá realizar una o varias sesiones de expresión corporal que abarquen la mímica y la música, donde los alumnos representarán lo que les gusta hacer y aquello que hacen actualmente.

A continuación habrá una puesta en común donde cada alumno que lo desee podrá expresar verbalmente sus propias aficiones, gustos o sentimientos experimentados, compartiendo experiencias y dialogando sobre ellas.

OTRAS VARIABLES IMPLICADAS. Dignidad y autoestima. Creatividad e iniciativa.

NOMBRE DE LA ACTIVIDAD	REDACCIÓN COMUNICATIVA
TIPO DE ACTIVIDAD	*Relacionada con el área de LENGUA.*
OBJETIVO	Elaborar una redacción sobre uno de los temas que se propongan, poniendo de relieve los sentimientos que este tema suscita.
SESIONES	1
LUGAR	Aula
ESTRUCTURA DE LA CLASE	Grupo de clase. Trabajo individual
MATERIAL	Cuaderno, bolígrafo

DESARROLLO DE LA ACTIVIDAD:

El profesor propondrá a los alumnos una serie de temas —que escribirá en la pizarra— de los cuales ellos tendrán que escoger uno para hacer una redacción de 200 a 250 palabras. Les dará la consigna de que sobre todo intenten expresar todos los sentimientos que el tema que hayan escogido les suscita.

Algunos temas posibles:
— Cómo es la persona que más quiero.
— Cómo me siento cuando estoy con mi mejor amigo.
— Qué experimento cuando me riñen y no entiendo el motivo.
— Cómo es el lugar del mundo que más me gusta.
— Cómo es mi canción preferida.

Pasado el tiempo que el profesor considere oportuno para dar la posibilidad de que todos hayan acabado, pedirá a algunos de ellos (o a todos si hubiese suficiente tiempo) que lean en voz alta la propia redacción al resto de la clase. El profesor comentará todos los aspectos que vayan saliendo y felicitará a los alumnos por su trabajo y por haber comunicado a los demás los propios sentimientos.

OTRAS VARIABLES IMPLICADAS. Valoración positiva del comportamiento de los demás. Creatividad e iniciativa. Empatía interpersonal y social.

NOMBRE DE LA ACTIVIDAD	FEELINGS AND OPPOSED FEELINGS
TIPO DE ACTIVIDAD	*Relacionada con el área de LENGUA EXTRANJERA: INGLÉS.*
OBJETIVOS	- Identificar en un grupo desordenado de palabras inglesas las que corresponden a sentimientos o estados anímicos. - Seleccionar los que experimenten más a menudo. - Relacionar con flechas sustantivos ingleses correspondientes a sentimientos con su respectivo antónimo. - Escribir en inglés seis frases con algunos de ellos.
SESIONES	2
LUGAR	Aula
ESTRUCTURA DE LA CLASE	Gran grupo
MATERIAL	Hoja con la lista de nombres, diccionario de inglés, cuaderno y bolígrafo

DESARROLLO DE LA ACTIVIDAD:

El profesor de inglés repartirá a cada alumno una hoja donde estarán escritas una lista de palabras en inglés desordenadas, algunas de las cuales corresponden a sentimientos o estados de ánimo.

La consigna que se dará a los alumnos es que encuentren estas palabras, las rodeen con un círculo y escriban al lado su traducción. A continuación deberán seleccionar aquellas que se refieran a sentimientos o estados de ánimo que experimentan más a menudo.

Finalmente, se hará una puesta en común donde cada alumno explicará a los demás por qué experimenta aquellos sentimientos a menudo (respetando siempre el derecho a la intimidad de aquellos que, por cualquier causa, no quieran o no encuentren oportuno dar este tipo de explicaciones). El profesor será quien empiece a hacer la puesta en común.

Después agradecerá a todos haber compartido algo tan personal con la clase y con él/la mismo/a.

En otra sesión, se repartirá una lista de palabras inglesas correspondientes a sentimientos con sus respectivos antónimos. El alumno, con la ayuda del diccionario si lo precisa, tendrá que relacionar mediante flechas cada una de las palabras y su antónimo.

Al terminar, formará seis frases en inglés que expresen situaciones de ánimo, haciendo servir en tres de ellas uno de los sentimientos y en las tres restantes los sentimientos contrarios.

Por ejemplo:

They love animals.

I hate injustice.

Finalmente, un alumno escribirá en la pizarra las palabras relacionadas, y el profesor pedirá a quien quiera que lea en voz alta las frases que ha construido.

OTRAS VARIABLES IMPLICADAS. Valoración positiva del comportamiento de los demás. Creatividad e iniciativa.

LOOKING FOR... FEELINGS

HAPPINESS

SUITCASE   SADNESS

                                                           FEAR

MAGAZINE

        ROW   ANNOYANCE

HATE   BEETLE   LOVE

        SOLIDARITY   PROOF   ENTHUSIASM

GEODETICAL   IMPOTENCE   HARMONY

FREEDOM   LEARN

            LEATHER   SHAME

Here you have some English words whose meanings express different feelings. As you can see, they are in two columns. In one of them, you have some of these feelings; and in the other one you have the opposed feeling of each of these, but not in the same order. As you know, in Grammar «antonyms» are the words whose meanings are opposed between them. Well, you must seek in the second column the «antonym» of each word of the first column, and relate them with arrows. Look at the example:

happiness	proudness
friendship	sadness
fear	slavery
annoyance	danger
compassion	hate
solidarity	hostility
kindness	enjoyment
enthusiasm	impotence
harmony	weakness
power	discord
freedom	bravery
shame	apathy
love	anger
safety	harshness

NOMBRE DE LA ACTIVIDAD	CARAS EXPRESIVAS
TIPO DE ACTIVIDAD	*Relacionada con el área de EDUCACIÓN VISUAL Y PLÁSTICA.*
OBJETIVO	Identificar estados de ánimo y redactar sentimientos.
SESIONES	1
LUGAR	Aula
ESTRUCTURA DE LA CLASE	Trabajo individual
MATERIAL	Fotografías de caras expresivas. Hoja y bolígrafo

DESARROLLO DE LA ACTIVIDAD:

El profesor mostrará una serie de fotografías donde aparezcan caras con diferentes expresiones.

Los alumnos identificarán los estados de ánimo que crean que correspondan y redactarán sobre los sentimientos expresados por esas caras.

OTRAS VARIABLES IMPLICADAS. Empatía. Creatividad.

NOMBRE DE LA ACTIVIDAD	DIARIO PERSONAL
TIPO DE ACTIVIDAD	*Tarea en casa.* *Específica.*
OBJETIVO	Practicar la redacción de un diario.
SESIONES	Unos días
LUGAR	Casa
ESTRUCTURA DE LA CLASE	Trabajo individual
MATERIAL	Diario y bolígrafo

DESARROLLO DE LA ACTIVIDAD:

El profesor expondrá las ventajas que tiene llevar un diario personal y propondrá a los alumnos que lo practiquen durante unos días, recomendando que se viertan especialmente sentimientos.

OTRAS VARIABLES IMPLICADAS. Autoestima. Comunicación y expresión de sentimientos. Creatividad.

NOMBRE DE LA ACTIVIDAD	AUDICIÓN MUSICAL
TIPO DE ACTIVIDAD	*Relacionada con el área de MÚSICA.*
OBJETIVO	Expresar verbalmente los sentimientos que suscita la audición de una pieza de música.
SESIONES	1
LUGAR	Aula o sala de diapositivas
ESTRUCTURA DE LA CLASE	Grupo de clase: trabajo individual
MATERIAL	Grabación (disco - cintas) de las piezas musicales seleccionadas, giradiscos y magnetófonos.

DESARROLLO DE LA ACTIVIDAD:

El profesor introducirá la actividad explicando brevemente que la música, como cualquiera de las otras artes, es un vehículo de expresión de sentimientos, y que, por lo tanto, mediante sus composiciones un autor musical pretende expresar y transmitir sus sentimientos.

A continuación hará escuchar a los alumnos algunas piezas musicales que él habrá seleccionado previamente.

Una variante puede ser la de constituir grupos que realicen esa selección.

Éstas pueden ser de diferentes estilos: clásico, rock, jazz, heavy, música disco, o bien, se puede escuchar una pieza clásica (por ejemplo: «El Moldava», de Stmetana; el 4.º movimiento de la «9.ª Sinfonía» de Beethoven; una de «Las Cuatro Estaciones», de Vivaldi; el «2.º Concierto para violín y orquesta» de Mendelsson; «El Emperador» —concierto para piano y orquesta—, de Beethoven; todas éstas con gran riqueza de expresión de sentimientos) y analizar los diferentes movimientos.

El profesor preguntará después de cada audición a los alumnos qué sentimientos les ha suscitado cada una de ellas, razonando la respuesta.

OTRAS VARIABLES IMPLICADAS. Empatía interpersonal y social.

EMPATÍA INTERPERSONAL Y SOCIAL

OBJETIVOS

— Comprender la diferencia «desde dentro» de cualquier persona.
— Sentir CON y COMO tú (el otro en la interacción).
— Pensar CON y COMO tú (el otro en la interacción).
— «Ponerse en la piel del otro» en el diálogo interpersonal.
— Verificación de lo comprendido (*feedback*).
— Liberación de prejuicios sobre el otro: ver siempre «nuevo» al otro.
— Liberación de contenidos o afectos anteriores a la interacción presente: «vaciado» para escuchar a fondo al otro.
— Ejercitar estas actitudes en las relaciones interpersonales cotidianas, y practicarlas también con personas: con deficiencias, en la ancianidad o de otras culturas o etnias.

ASPECTOS A TRABAJAR

Hace falta especificar las características de las actitudes y conductas empáticas, como son:

— La acogida espontánea.
— Vivir el presente con plenitud.
— Vacío del receptor para la acogida total del otro.

FUNDAMENTOS DE ESTA VARIABLE

La empatía se ha estudiado bajo dos componentes: el cognitivo y el afectivo.

La empatía llamada cognitiva sería la percepción imaginativa del estado de otra persona, de modo que se puedan entender y predecir, hasta cierto punto, certeramente los pensamientos, sentimientos y acciones de tal persona.

En cambio, la empatía afectiva sería definida como una respuesta emocional que es similar y probablemente dependiente de la experiencia emocional percibida de otros. Supone un compartir los sentimientos del otro, aunque sea a nivel global.

Por supuesto, los componentes cognitivos y los afectivos estan íntimamente relacionados y dependen entre sí. La empatía se desarrolla gracias a la comunicación, influenciándola.

La empatía está en la base de los comportamientos prosociales: difícilmente una persona actuará prosocialmente si no ha empatizado con la necesidad del destinatario.

Esta empatía significa receptividad y acogida del otro. Y en la medida en que el que escucha pueda comprender y sentir por unos momentos, intensamente, lo que el otro piensa, siente y desea, establece una sintonía vital con él.

Así se ponen los cimientos de una auténtica socialidad potenciando la unidad y construyendo lazos duraderos de cooperación, de solidaridad y de amistad.

La escucha y la empatía podríamos considerarlas como vías rápidas y eficaces para un enriquecimiento de las relaciones sociales, entre otras cosas porque en cualquier situación y momento del día pueden ponerse en práctica.

Los alumnos que resultan populares en una clase se caracterizan porque se integran, se amoldan y comparten el marco de referencia que encuentran, además de utilizar aquellas habilidades sociales que favorecen esa adaptación.

En los alumnos populares se da un cierto «descentramiento» de sí mismos, favorable o próximo a la empatía, mientras que los impopulares permanecen aprisionados por un «centramiento» en sí mismos que les impide una interrelación positiva.

Toda intervención educativa debería contemplar, pues, como primer paso, el enriquecer esa capacidad de descentramiento, para pasar luego al modelamiento de las conductas oportunas.

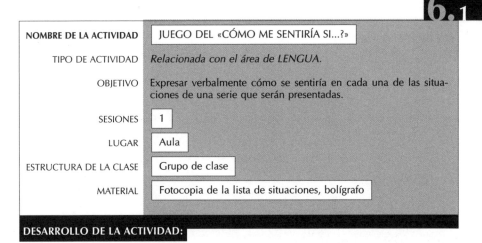

NOMBRE DE LA ACTIVIDAD	JUEGO DEL «CÓMO ME SENTIRÍA SI...?»
TIPO DE ACTIVIDAD	*Relacionada con el área de LENGUA.*
OBJETIVO	Expresar verbalmente cómo se sentiría en cada una de las situaciones de una serie que serán presentadas.
SESIONES	1
LUGAR	Aula
ESTRUCTURA DE LA CLASE	Grupo de clase
MATERIAL	Fotocopia de la lista de situaciones, bolígrafo

DESARROLLO DE LA ACTIVIDAD:

El profesor dará a los alumnos una fotocopia de una lista de situaciones imaginarias, pero posibles, y les pedirá que durante 20 minutos intenten ponerse «dentro» de cada una de ellas e identificar qué sentimientos experimentarían ellos en cada una de éstas para expresarlos después verbalmente al resto de los compañeros. Para ayudarse a recordarlos, escribirán al lado de cada situación los diferentes sentimientos, para utilizarlo como guión a la hora de verbalizarlos delante de los compañeros.

Cuando hayan pasado los minutos de interiorización, el maestro pedirá a cada alumno que exprese los sentimientos identificados (si ha de resultar demasiado largo, puede pedir a cada alumno sólo dos o tres situaciones).

Al finalizar, el maestro felicitará a todos los alumnos por su esfuerzo de reflexión y por el hecho de haber comunicado sinceramente los propios sentimientos al resto de compañeros y a él mismo.

OTRAS VARIABLES IMPLICADAS. Creatividad e iniciativa. Comunicación y revelación de sentimientos.

¿CÓMO ME SENTIRÍA SI...?

... quisiese hablar y me diese cuenta de que me he quedado mudo?

... mi profesor me felicitase por el trabajo hecho?

... fuese en moto a 100 km/h?

... tuviese que ir a vivir a otro país?

... mi mejor amigo dejase de hablarme?

... estuviese escuchando mi canción preferida?

... se declarase una guerra y mi padre tuviese que ir?

... fuese la persona más rica del mundo?

... me fichase mi equipo de baloncesto preferido?

... contemplase un robo y no pudiese denunciarlo?

6.2

NOMBRE DE LA ACTIVIDAD	JUEGO DE LAS «BIOGRAFÍAS»
TIPO DE ACTIVIDAD	*Específica.* *Tarea en casa.*
OBJETIVO	Comunicar al grupo tanto como pueda de la propia biografía durante un minuto.
SESIONES	1
LUGAR	Aula
ESTRUCTURA DE LA CLASE	Grupos de tres alumnos
MATERIAL	No es preciso material específico

DESARROLLO DE LA ACTIVIDAD:

Previamente a la sesión, los alumnos preguntarán a sus familias datos y acontecimientos concretos de su propia biografía.

El profesor dispondrá a los alumnos en grupos de tres, procurando que se conozcan relativamente poco entre ellos. Los participantes deciden quién de ellos empieza, y el elegido durante un minuto (el tiempo se debe respetar estrictamente) tiene que explicar a los otros dos todo lo que pueda de su propia biografía. Pasado este tiempo, los dos compañeros «escuchadores» (que tendrán que haberlo escuchado positivamente) dispondrán de dos minutos para repetir el máximo de la información biográfica que les ha suministrado su compañero.

Después se repite hasta que los tres han explicado las respectivas biografías.

Cuando hayan acabado, el profesor puede dejar aún algunos minutos más para que se hagan preguntas informales entre ellos o puedan hacer comentarios sobre la experiencia vivida durante la actividad.

Por último, a nivel de grupo de clase, el profesor provocará una puesta en común, pidiendo a algunos representantes de los diferentes grupos que expliquen qué les ha parecido la experiencia realizada (si ha sido fácil o no comunicar la propia biografía, si había una actitud de escucha que facilitaba la comunicación, si ha servido para conocer mejor a los propios compañeros, etc.).

OTRAS VARIABLES IMPLICADAS. Dignidad y autoestima. Habilidades y actitudes de relación interpersonal y social. Comunicación y revelación de sentimientos.

NOMBRE DE LA ACTIVIDAD	MOMENTOS FELICES DE MI VIDA
TIPO DE ACTIVIDAD	*Específica.*
OBJETIVOS	- Escribir dos momentos felices. - Analizar en un debate las diferentes causas que originan la felicidad.
SESIONES	1
LUGAR	Aula
ESTRUCTURA DE LA CLASE	Trabajo individual y puesta en común
MATERIAL	No es preciso material específico

DESARROLLO DE LA ACTIVIDAD:

Cada alumno escribe en una hoja dos momentos vividos por él donde fue real y especialmente feliz.

Un alumno-secretario los lee y se hace un listado.

En un debate posterior se analizarán las diferentes causas de la felicidad y de las diferencias entre las personas, apreciando que aquello que puede hacer feliz a uno puede no hacer feliz a otro.

Al finalizar, el profesor valorará todas las aportaciones, haciendo hincapié en la necesidad de compartir las alegrías.

Una variante: efectuar un *role playing* entre dos alumnos que se comunican, turnándose en los roles «del que habla» y «del que escucha». Se trata de observar el nivel de escucha y empatía.

OTRAS VARIABLES IMPLICADAS. Dignidad y autoestima. Comunicación y revelación de sentimientos.

NOMBRE DE LA ACTIVIDAD	¿TE HE COMPRENDIDO BIEN?
TIPO DE ACTIVIDAD	*Específica.*
OBJETIVO	Verificar mensajes intercambiados para comprender si saben ponerse «en la piel del otro».
SESIONES	1
LUGAR	Aula
ESTRUCTURA DE LA CLASE	Parejas
MATERIAL	No es preciso material específico

DESARROLLO DE LA ACTIVIDAD:

Los alumnos distribuidos por parejas realizarán un ejercicio de *feedback* y de verificación de los mensajes intercambiados, es decir, uno explicará una experiencia propia, el otro lo acompañará a nivel visual, gestual, postural y de escucha profunda y al finalizar le devolverá su interpretación para comprobar si se ha sabido poner «en la piel del otro».

Seguidamente se intercambiarán los papeles, para trabajar los dos.

OTRAS VARIABLES IMPLICADAS. Comunicación y expresión de sentimientos. Creatividad. Dignidad.

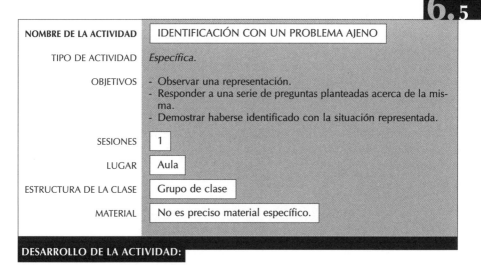

NOMBRE DE LA ACTIVIDAD	IDENTIFICACIÓN CON UN PROBLEMA AJENO
TIPO DE ACTIVIDAD	*Específica.*
OBJETIVOS	- Observar una representación. - Responder a una serie de preguntas planteadas acerca de la misma. - Demostrar haberse identificado con la situación representada.
SESIONES	1
LUGAR	Aula
ESTRUCTURA DE LA CLASE	Grupo de clase
MATERIAL	No es preciso material específico.

DESARROLLO DE LA ACTIVIDAD:

El profesor pedirá que se ofrezcan tres voluntarios para representar en clase la siguiente situación: escena de la vida cotidiana de un padre y una madre que tienen un hijo con un grave problema de drogadicción. El profesor les dirá que se identifiquen al máximo con el personaje que interpreten, intentando «sentir» en ellos los mismos sentimientos que experimentaría su personaje. Si son alumnos acostumbrados a las representaciones, pueden improvisar la escenificación o bien dedicar unos minutos a elaborar un guión (si es preciso, con ayuda del profesor). La escenificación no durará más de 10 minutos.

Acabada la representación, se plantearán las siguientes cuestiones a toda la clase y se establecerá un diálogo abierto, en el que el profesor actuará de moderador e intentará que participen todos los alumnos:

— ¿Qué problema tiene este chico?

— ¿Es feliz en esa situación? ¿En qué se nota?

— ¿Está angustiado?

— ¿Su dolor es de tipo físico? ¿Qué siente?

— ¿Crees haber experimentado alguna vez sentimientos semejantes?

— ¿Cuándo? ¿Cómo los superaste?

— ¿Por qué puede haber llegado a adiccionarse a la droga?

— ¿Qué sentimientos experimentan sus padres?

— ¿Le comprenden? ¿Saben darle la ayuda que precisa?

— ¿Cómo te gustaría ser ayudado en una situación similar?

— ¿Cómo consolarías a los padres?

— ¿Qué argumentos darías al chico para que deje la droga?

Como en todas las actividades de este tipo, es importante valorar positivamente todas las aportaciones —siempre que sean constructivas—, sin dejar
por ello de corregir posibles errores básicos, aunque evitando entrar en discusión cerrada con ningún alumno, siendo preferible dejarlo para otro momento
y haciéndoselo constar así al alumno que no comprendiera las razones aduci-
das por el profesor al corregir su punto de vista. Igualmente se exhortará a los
alumnos a que mantengan una actitud positiva hacia las aportaciones de sus
compañeros, sabiendo escuchar y aceptar incluso puntos de vista diferentes de
los propios.

OTRAS VARIABLES IMPLICADAS. Dignidad y autoestima. Iniciativa, creatividad y resolución de problemas. Ayuda y solidaridad.

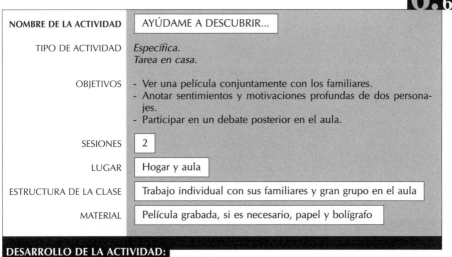

NOMBRE DE LA ACTIVIDAD	AYÚDAME A DESCUBRIR...
TIPO DE ACTIVIDAD	*Específica.* *Tarea en casa.*
OBJETIVOS	- Ver una película conjuntamente con los familiares. - Anotar sentimientos y motivaciones profundas de dos personajes. - Participar en un debate posterior en el aula.
SESIONES	2
LUGAR	Hogar y aula
ESTRUCTURA DE LA CLASE	Trabajo individual con sus familiares y gran grupo en el aula
MATERIAL	Película grabada, si es necesario, papel y bolígrafo

DESARROLLO DE LA ACTIVIDAD:

Los alumnos, como tarea a hacer en casa, piden a uno o varios de los familiares que conviven con él el ver juntos una película, previamente escogida por el profesor, que será la misma para todos.

Se puede recurrir al recurso de grabarla en vídeo para hacer la actividad en el momento familiar más óptimo.

A lo largo de la película se tratarán de descubrir algunos sentimientos y motivaciones profundas de dos personajes, también previamente marcados, con tal de podernos poner en la piel de ellos y entender mejor sus acciones y reacciones.

En estas sesiones familiares de televisión se pretende dinamizar las relaciones entre sus miembros, así como una implicación familiar en las tareas escolares de los hijos, a la vez que se difunde el programa prosocial.

El alumno irá anotando las sugerencias y sus propios descubrimientos.

Una vez en el aula, se hará un debate para comparar las distintas apreciaciones y valorar el aspecto de compartir una tarea con la familia, teniendo especial cuidado en aquellos alumnos que han podido tener problemas a causa de su entorno familiar concreto.

El debate servirá también para complementar ideas de unos a otros.

Al finalizar, el profesor felicitará el trabajo y la participación de todos y alentará para que se continúen haciendo estas sesiones familiares de televisión, por toda la carga positiva que conllevan.

OTRAS VARIABLES IMPLICADAS. Valoración positiva del comportamiento de los demás. Comunicación y revelación de sentimientos.

NOMBRE DE LA ACTIVIDAD	LECTURA Y ANÁLISIS DE UNA NARRACIÓN
TIPO DE ACTIVIDAD	*Relacionada con el área de LENGUA.*
OBJETIVO	Leer la narración y analizar los sentimientos de los distintos personajes que intervienen en la misma.
SESIONES	1
LUGAR	Aula
ESTRUCTURA DE LA CLASE	Grupos de cuatro alumnos
MATERIAL	Fotocopias de la narración «El humo dormido», de G. Miró (una por alumno), cuaderno y bolígrafo

DESARROLLO DE LA ACTIVIDAD:

Colocados en grupos de cuatro, los alumnos leerán juntos la narración (uno del grupo puede leer en voz suficientemente alta para que le oigan sus compañeros de grupo, pero sin molestar a los demás grupos, mientras los otros siguen la lectura en sus respectivas fotocopias) y al acabar analizarán juntos los elementos empáticos que se dan en la misma.

Antes, el educador habrá dado algunas orientaciones para realizar tal análisis de manera adecuada, aconsejando a los alumnos que se fijen en los aspectos positivos y negativos, es decir, en los pasos de la narración en que es evidente la empatía (el hecho de describir con precisión los rasgos físicos del niño, intuir su estado de necesidad, la generosidad de los donantes, las ganas de compartir con su abuela la limosna, el grito de agradecimiento del niño, saber reconocer el error del juicio) y aquellos en que no (el juicio apresurado, dar esperando gratitud). Les pedirá también que apunten los sentimientos que en ellos suscita la narración.

Al acabar, los portavoces de cada grupo harán una puesta en común de las conclusiones respectivas, que el educador valorará y, en su caso, corregirá.

OTRAS VARIABLES IMPLICADAS. Dignidad y autoestima. Valoración positiva del comportamiento de los demás. Comunicación y revelación de sentimientos.

«Un día dije una de esas frases hechas sin recordar que lo fuese. Era mi santo. Se paró en mi portal una mendiga viejecita y ciega, guiada por su nieto. Eran pobres forasteros. Llevaba el chico gorra de hombre y blusa marinera de verano. Desde los balcones le dijimos que subiese. El rapaz se daba en el pecho preguntando pasmadamente si le llamábamos a él; y subió descolorido, asustado; tenía la boca morada, el frontal y los pómulos de calavera de viejo. Le rellenamos la blusa de pasteles, de confites, de mantecados...

»... El chico corrió en busca de la abuela, le tomó la mano y llevósela al seno para que fuese palpando toda la limosna. Después nos miró y dió un grito áspero, de vencejo; pero no nos dijo ni un "Dios se lo pague". Yo, entonces, me volví a los míos afirmando: "La gratitud es muda".

¿Saben por qué el niño mendigo no nos dijo nada?

Pues porque el mudo era él. Cuando lo supe creí que lo había enmudecido yo con mi sentencia.»

NOMBRE DE LA ACTIVIDAD	EXPERIMENTAR
TIPO DE ACTIVIDAD	*Relacionada con el área de EDUCACIÓN FÍSICA.*
OBJETIVOS	- Experimentar y vivenciar una discapacidad física. - Escribir una redacción sobre ello. - Participar en un debate posterior.
SESIONES	1
LUGAR	Aula
ESTRUCTURA DE LA CLASE	Trabajo individual y puesta en común
MATERIAL	No es preciso material específico

DESARROLLO DE LA ACTIVIDAD:

Los alumnos tendrán que experimentar que tienen alguna discapacidad física, como, por ejemplo, hacer un recorrido con los ojos tapados simulando que son ciegos, o con una silla de ruedas o muletas o con el brazo inutilizado o con auriculares simulando un sordo.

Posteriormente, escribirán una redacción sobre cómo se han sentido, qué sensaciones, impresiones y sentimientos han experimentado al ponerse en la piel de otras personas con minusvalías.

Finalmente, se hará un debate para contrarrestar puntos de vista y comparar diferentes impresiones.

OTRAS VARIABLES IMPLICADAS. Dignidad y autoestima. Valoración positiva del comportamiento de los demás. Comunicación y revelación de sentimientos.

NOMBRE DE LA ACTIVIDAD	VIVENCIA DE LA EMPATÍA
TIPO DE ACTIVIDAD	*Específica.* *Tarea en casa.*
OBJETIVOS	- Atender a los sentimientos y necesidades de las personas que le rodean en su vida familiar. - Intentar efectivamente «ponerse en el lugar del otro». - Ayudar en la medida de sus posibilidades. - Explicar a los compañeros de clase experiencias reales.
SESIONES	A decidir por el profesor y alumnos
LUGAR	Ambiente real de cada alumno
ESTRUCTURA DE LA CLASE	Grupo de clase (sólo para la presentación de la actividad y el intercambio de experiencias)
MATERIAL	No es preciso material específico

DESARROLLO DE LA ACTIVIDAD:

El profesor propondrá a los alumnos que, durante un período de tiempo determinado, cada uno trate de vivir realmente todo lo explicado y «se ponga en la piel» de los demás miembros de su familia, intentando experimentar sus mismos sentimientos y ayudándoles, cuando le sea posible y en lo que le sea posible, en sus necesidades. Se les dirá que no excluyan a nadie y que, en caso de duda, pregunten al otro, antes de ayudarle, si está de acuerdo en aceptar su ayuda. Se les propondrá también que anoten los actos «empáticos» que hayan realizado y la sensación experimentada al realizarlos.

El objetivo básico es que el alumno vivencie los distintos roles familiares para poder comprenderlos mejor.

Posteriormente, en el momento que se haya establecido de común acuerdo entre profesor y alumnos, éstos se contarán las experiencias realizadas.

El profesor intentará que se haga de forma ordenada y lo más espontánea posible, no obligando nunca a ningún alumno a hacerlo.

Puede ser útil que antes de comenzar, el profesor «tantee» un poco el ambiente e intente descubrir a algún alumno especialmente contento y satisfecho de sus experiencias, pidiéndole que se las cuente personalmente, para luego animarle a que lo haga al resto de la clase, explicándole que es un acto de prosocialidad, puesto que con ello puede ayudar a sus compañeros. Al comenzar la sesión de intercambio de experiencias hará esta misma observación a toda la clase, de manera que tanto los que escuchan como los que cuentan sus experiencias lo hagan con la actitud más adecuada.

Para evitar comparaciones, el profesor les pedirá que cuenten sólo la experiencia de la que están más satisfechos, a fin de que haya tiempo para todos los que deseen hacerlo.

Después de cada intervención, el profesor reforzará verbalmente las acciones realizadas y agradecerá al alumno por ponerlas en común con él y sus compañeros. Es importante que, en el refuerzo, el profesor destaque el hecho «empático», es decir, la sensibilidad que le permitió darse cuenta al alumno del estado de necesidad del otro y «hacerse uno» con él en su problema. No hay que centrarse, por tanto, únicamente en la «buena acción» realizada, sino en el haber sabido «vivir el otro».

Acabará la puesta en común con una felicitación general del profesor a toda la clase poniendo de relieve la alegría experimentada cuando no se ha pensado únicamente en sí mismos, y potenciará la continuidad y el mantenimiento de esta actitud, no ya tanto desde un punto de vista de necesidad del otro, sino de necesidad personal, pues está demostrado su efecto positivo en la higiene mental del individuo.

OTRAS VARIABLES IMPLICADAS. Habilidades de relación interpersonal y social. Iniciativa y creatividad. La ayuda, dar y compartir.

6.10

NOMBRE DE LA ACTIVIDAD	CINE-FORUM: *GANDHI*
TIPO DE ACTIVIDAD	*Relacionada con el área de CIENCIAS SOCIALES.*
OBJETIVO	Entender la figura de Gandhi como personaje importante con gran capacidad empática.
SESIONES	1
LUGAR	Sala de proyecciones
ESTRUCTURA DE LA CLASE	Gran grupo
MATERIAL	Película *Gandhi*

DESARROLLO DE LA ACTIVIDAD:

Se proyectará la película *Gandhi* y se establecerá a continuación un debate para que los alumnos reflexionen sobre la figura de este personaje importante, que se caracterizó por su gran capacidad empática social, al ponerse en el lugar de los más desvalidos y desprotegidos socialmente.

OTRAS VARIABLES IMPLICADAS. Dignidad y autoestima.

La asertividad.
Resolución de la agresividad
y de la competitividad

7

El autocontrol. Conflictos con los demás.

OBJETIVOS
— Aumentar la asertividad y el autocontrol.
— Disminuir y eliminar la agresividad y la competitividad mediante la adquisición de actitudes y habilidades de resolución de conflictos interpersonales y sociales.

ASPECTOS A TRABAJAR
Nos parece primordial trabajar especialmente dos aspectos.

Uno sería el de enseñar a nuestros alumnos a analizar las causas que han desembocado, o pueden desembocar, en un conflicto.

Sin duda todos tenemos experiencias de discusiones provocadas por un malentendido o por no haberse detenido a considerar las distintas opciones. En este punto se podría hablar del papel enriquecedor de la diversidad, de la diferencia, muchas veces causa de origen de los conflictos, pero que sería importante aprender a asimilar como aportaciones diversas que pueden dar una visión más completa de la realidad.

El otro aspecto importante sería el de dotarles de habilidades para saber responder a un conflicto, a una situación que les puede suponer una dificultad.

FUNDAMENTOS DE ESTA VARIABLE
No cabe duda de que nos movemos en una sociedad altamente agresiva y competitiva, por lo que el objetivo de esta variable quizá sea uno de los que puedan parecer más difíciles o utópicos de conseguir.

Sin salir de las aulas de nuestros centros ya nos podemos encontrar con numerosas muestras de esta agresividad; es por ello por lo que a pesar de lo difícil que pueda parecer, es urgente el trabajar esta variable específica con nuestros alumnos, aun cuando todas y cada una de las variables del programa trabajan en el mismo sentido.

Antes de empezar a trabajarla con ellos será necesario que tengamos claro cuál es el contenido de los términos que constituyen el título de la variable, ya que existe diferencia de criterios entre los mismos científicos.

Un primer punto a aclarar sería la posible justificación de la agresividad como parte integrante de la naturaleza humana. Una rápida aproximación a lo que dicen los biólogos y un repaso a la historia humana nos hará ver que este componente agresivo en su vertiente de violencia, incluso organizada como es el caso de los comportamientos bélicos, es más un elemento cultural adquirido que algo inherente al ser humano.

Ciertos autores incluso hablan de una agresividad «positiva». Nosotros preferimos referirnos a la asertividad, entendida como la capacidad de decisión y persistencia en llevar adelante una acción incluso a pesar de la resistencia de los demás. En efecto, para que se produzca un comportamiento prosocial parece ser necesario un cierto grado de asertividad. Ciertos autores verificaron que la empatía por sí sola no era predictora del altruismo, mientras que sí lo era si iba combinada con la asertividad.

Así no basta que un muchacho perciba y sienta una necesidad en el otro: es necesario que actúe, y para ello tiene que vencer un posible riesgo o coste, como el que no le salga bien o el que los demás lo ridiculicen. Y más aún, debe tener probablemente una cierta capacidad de saber cómo intervenir con otros.

Todo ello significa que el autor necesita ejercitar primero un control respecto a sí mismo, un autocontrol.

Y respecto a la competitividad, parece difícil en nuestra sociedad pensar en actuar sin ejercerla. Del mismo modo aquí hemos de afirmar que esta tendencia hay que ejercerla en primer lugar consigo mismo con el fin de superarse y querer hacer las cosas de la mejor manera posible.

NOMBRE DE LA ACTIVIDAD	CÓMO EVITAR O DISMINUIR LAS PELEAS
TIPO DE ACTIVIDAD	*Específica.*
OBJETIVOS	- Tomar consciencia de la presencia de acciones agresivas en sus vivencias. - Analizar las posibles causas que las producen. - Elaborar unas pautas que ayuden a evitar las acciones agresivas y a disminuir las situaciones que las faciliten.
SESIONES	2
LUGAR	Aula
ESTRUCTURA DE LA CLASE	Grupo de clase
MATERIAL	Pizarra, tiza, folios y bolígrafo

DESARROLLO DE LA ACTIVIDAD:

Los alumnos dirán aquellas acciones agresivas o violentas que recuerden que se produzcan frecuentemente en la escuela: en la clase, en el patio. Les diremos que expliquen la situación pero sin acusar directamente a nadie. Con estas acciones confeccionaremos una lista que el profesor guardará una semana, por ejemplo, para comprobar cuáles se dan realmente y con qué frecuencia.

En una sesión posterior se comentarán todas esas situaciones analizando las causas que las producen, con tal de buscar posibles soluciones. Entre todos, se buscarán unas pautas que puedan evitar que se produzcan situaciones agresivas.

El profesor tendrá en cuenta las habilidades presentadas en el material teórico correspondiente.

Con estas pautas, que podríamos titular: «Cómo evitar o disminuir las peleas», elaboraremos un mural que quedará expuesto en un lugar visible del aula.

La misma actividad se podría hacer fijándonos en situaciones en la calle y en casa.

OTRAS VARIABLES IMPLICADAS. Valoración positiva del comportamiento de los demás. Creatividad e iniciativa. Empatía interpersonal y social.

7.2

NOMBRE DE LA ACTIVIDAD	ESCENAS AGRESIVAS O COMPETITIVAS EN LAS PELÍCULAS
TIPO DE ACTIVIDAD	*Específica.* *Tarea en casa.*
OBJETIVOS	- Analizar las diferentes situaciones que se dan en una película, según las considere o no agresivas, violentas o competitivas. - Saber buscar las causas que han originado los conflictos.
SESIONES	Una y el fin de semana con la familia
LUGAR	Aula y casa
ESTRUCTURA DE LA CLASE	Trabajo individual con la familia
MATERIAL	Televisión y/o vídeo, folios y bolígrafo

DESARROLLO DE LA ACTIVIDAD:

Este trabajo se realizará en casa, pidiendo ayuda a la familia, especialmente a los padres, para poder desarrollar una sesión de televisión con implicación de todos los miembros.

Para este fin repartiremos las series y películas de todo el fin de semana, escogidas previamente y a poder ser conjuntamente con los alumnos, de tal manera que propondremos que durante la proyección anoten las escenas agresivas y/o competitivas que se produzcan, las que no han llegado a serlo gracias al comportamiento de los protagonistas y también las escenas prosociales.

Haremos notar a los alumnos que existe un tipo de agresividad aparte de la física.

Posteriormente, en el aula, se comentará todo lo que han anotado, haciendo una gráfica comparativa de las diferentes películas.

OTRAS VARIABLES IMPLICADAS. Todas.

NOMBRE DE LA ACTIVIDAD	UN PEQUEÑO TEATRO
TIPO DE ACTIVIDAD	*Específica.*
OBJETIVO	Atribuir una importancia diferente a las situaciones provocadas de agresividad.
SESIONES	1
LUGAR	Aula
ESTRUCTURA DE LA CLASE	Grupo de clase
MATERIAL	No es preciso material específico

DESARROLLO DE LA ACTIVIDAD:

Ensayar situaciones de *role playing* con la participación de algunos alumnos.

Se plantea una situación en la que un chico ha empujado a otro sin darse cuenta.

Entrenamos en verbalizaciones alternativas, como por ejemplo:

¡Ha sido sin querer!
¡Este chico no se fija por dónde va!
¡No vale la pena una pelea!

OTRAS VARIABLES IMPLICADAS. Valoración de lo positivo en el comportamiento de los demás.

7.4

NOMBRE DE LA ACTIVIDAD	AQUEL DÍA, YO...
TIPO DE ACTIVIDAD	*Relacionada con el área de LENGUA.*
OBJETIVO	Reconocer situaciones en las que el comportamiento no ha sido muy correcto, desde el punto de vista prosocial.
SESIONES	1
LUGAR	Aula
ESTRUCTURA DE LA CLASE	Trabajo individual y grupo de clase
MATERIAL	Folios y bolígrafo

DESARROLLO DE LA ACTIVIDAD:

Como tema de una composición escrita pediremos a los alumnos que expliquen una situación en la que reconozcan haberse comportado de una forma «agresiva».

A continuación explicarán también cuál creen que tendría que haber sido su actuación.

Puede ser interesante hacer una lectura en la clase de las composiciones, pero dado el carácter personal de los hechos, las composiciones tendrían que ser anónimas y la lectura hacerla el mismo profesor o algún alumno de la clase, respetando aquél que no quiera que se lea delante de todos.

OTRAS VARIABLES IMPLICADAS. Dignidad y autoestima. Habilidades de relación interpersonal. Creatividad e iniciativa.

NOMBRE DE LA ACTIVIDAD	ME MOLESTA QUE...
TIPO DE ACTIVIDAD	*Relacionada con el área de LENGUA.* *Tarea en casa.*
OBJETIVO	Hacer un listado de acciones que les molesten, irriten o les provoquen agresividad, con el fin de intentar evitar las conductas que molesten a los demás. Posteriormente, se entregará el listado personal a la propia familia.
SESIONES	2
LUGAR	Aula y casa
ESTRUCTURA DE LA CLASE	Trabajo individual y grupo de clase
MATERIAL	Folios y bolígrafo

DESARROLLO DE LA ACTIVIDAD:

Esta actividad comprenderá dos partes:

A) En el aula, los alumnos confeccionarán un listado anónimo con las acciones que les molesten, es decir, que provoquen en ellos una reacción violenta.

Pensarán tanto en su vivencia en el centro escolar como con sus amigos y en casa.

Si se leen en voz alta puede surgir un interesante debate, ya que se podrán constatar las diferentes reacciones que producen en las personas las mismas situaciones.

Esto, lógicamente, tendría que conducir a evitar ciertas acciones que ahora sabemos que molestan o irritan a los demás.

B) Posteriormente, cada alumno entregará a sus respectivas familias su listado personal, estableciéndose un proceso de comunicación positiva.

OTRAS VARIABLES IMPLICADAS. Valoración positiva del comportamiento de los demás. Comunicación de sentimientos. Empatía.

NOMBRE DE LA ACTIVIDAD	¿QUÉ HEMOS HECHO PARA CONSTRUIR LA PAZ MUNDIAL?
TIPO DE ACTIVIDAD	*Específica.* *Tarea en casa.*
OBJETIVO	Tomar consciencia de que toda ruptura interpersonal afecta a la colectividad.
SESIONES	1
LUGAR	Aula
ESTRUCTURA DE LA CLASE	Trabajo individual y grupo de clase
MATERIAL	Folios y bolígrafo

DESARROLLO DE LA ACTIVIDAD:

Propondremos a los alumnos que durante una semana, por ejemplo, lleven un registro o anecdotario de las situaciones que han resuelto de forma no agresiva.

Haremos notar que no necesariamente tiene que aparecer un conflicto, ya que puede ser que su actuación haya sido la de anticiparse al conflicto para que éste no se llegase a producir.

Como dato orientativo se les puede decir que han de anotar un mínimo de siete situaciones.

Transcurrido el tiempo establecido se hará una puesta en común en clase, respetando a los alumnos que no quieran explicar sus experiencias. Será importante destacar que con estas situaciones que hemos llevado a cabo hemos contribuido a la paz mundial.

OTRAS VARIABLES IMPLICADAS. Dignidad y autoestima. Creatividad e iniciativa.

NOMBRE DE LA ACTIVIDAD	CANCIONES POR LA PAZ
TIPO DE ACTIVIDAD	*Relacionada con el área de MÚSICA.* *Tarea en casa.*
OBJETIVO	Aumentar la sensibilidad hacia el tema de la paz, a partir de las letras y de la música de unas canciones.
SESIONES	1
LUGAR	Sala de música o aula
ESTRUCTURA DE LA CLASE	Grupos pequeños y gran grupo
MATERIAL	Discos y cintas

DESARROLLO DE LA ACTIVIDAD:

Con esta actividad queremos que los alumnos se den cuenta que hay gente que trabaja y está comprometida con la paz. En esta ocasión les propondremos que busquen entre las canciones que conocen las que, especialmente en su letra, lleven un mensaje de paz.

Esta búsqueda de canciones la pueden hacer individualmente o en grupo. Después se escogerán las más significativas y se analizará el mensaje que quiere transmitir su letra, dando la copia a los alumnos.

Una buena continuación de la actividad sería proponer una audición o *playback* de estas canciones, hecha conjuntamente con los alumnos de un nivel o ciclo.

OTRAS VARIABLES IMPLICADAS. Dignidad y autoestima. Creatividad e iniciativa. Empatía interpersonal y social.

7.8

NOMBRE DE LA ACTIVIDAD	EL HOMBRE, ¿VIOLENTO?
TIPO DE ACTIVIDAD	*Relacionada con el área de CIENCIAS SOCIALES.*
OBJETIVO	Hacer un comentario de texto sobre un artículo presentado.
SESIONES	1
LUGAR	Aula
ESTRUCTURA DE LA CLASE	Trabajo individual y en gran grupo
MATERIAL	Artículo propuesto o similar, folios y bolígrafo

DESARROLLO DE LA ACTIVIDAD:

A los alumnos se les entregará una copia del artículo «El hombre, ¿violento?» de Robert Roche, aparecido en el periódico local de Girona *Punt Diari*, o si el profesor lo considerase oportuno también serviría cualquier artículo que cumpliese los objetivos propuestos en esta actividad.

El trabajo de los alumnos consistiría en analizar el texto desde el punto de vista de la prosocialidad, hacer un esquema de las ideas y conclusiones más generales para luego entrar en un debate entre toda la clase, donde se compararían criterios y se llegarían a acuerdos.

OTRAS VARIABLES IMPLICADAS. Dignidad y autoestima. Comunicación. Prosocialidad colectiva y compleja.

El hombre, ¿violento?

Como es bien sabido, existen teorías que afirman que el hombre es violento por propia naturaleza, pero también las hay que aseguran el carácter cultural y aprendido de dicha violencia.

En el campo de la psicología, y relacionado con esta cuestión, actualmente se ha celebrado un importante congreso en Helsinki; se trata del I Congreso de Psicólogos Europeos para la Paz.

El interés de este acontecimiento nos parece radica no tan sólo en el examen teórico que las diversas ponencias y comunicaciones efectuaron respecto a los caminos más óptimos hacia una paz interpersonal y social, sino en el compromiso expresado por todos de trabajar desde el propio campo en la optimización de estas vías.

Un momento importante en este Congreso fue la adhesión que todos los presentes realizamos a la Declaración sobre la Violencia que el profesor Robert Hinde, de la Universidad de Cambridge (Reino Unido), leyó en representación de un colectivo internacional de científicos.

Dicha Declaración intenta significar una contribución al Año Internacional de la Paz rehuyendo de cierto número de hallazgos que pretenden justificar la violencia y la guerra.

El uso incorrecto de las teorías científicas y de los argumentos para justificar la violencia y la guerra no es ni mucho menos un fenómeno nuevo, pero ha tenido especial importancia a partir de la aparición de la ciencia moderna. Por ejemplo, la teoría de la evolución ha sido empleada no tan sólo para justificar la guerra, sino también el genocidio, el colonialismo y la supresión del débil.

Básicamente, esta Declaración está compuesta por las cinco afirmaciones siguientes:

Es científicamente incorrecto afirmar que hemos heredado de nuestros antepasados animales una tendencia a hacer la guerra. Aunque la lucha se produce ampliamente en las especies animales, sólo se han producido informes acerca de unos pocos casos de pugna destructiva entre especies refiriéndose a grupos organizados, y ninguno de ellos comprendía el uso de instrumentos. La predación normal para la alimentación respecto a otras especies no puede equipararse con la violencia entre especies. La actividad de la guerra es un fenómeno peculiarmente humano y no se produce en los animales.

El hecho de que la actividad bélica haya cambiado tan radicalmente con el paso del tiempo indica que es producto de la cultura. Su conexión biológica es primordialmente del lenguaje, el cual posibilita la coordinación de grupo, la transmisión de la tecnología y la utilización de instrumentos. La guerra es biológicamente posible, pero no es inevitable, tal como evidencian su variación en la ocurrencia y la naturaleza a través del tiempo y el espacio. Existen algunas culturas que no se han implicado en guerras durante siglos, y también las hay que lo han hecho frecuentemente en tiempos determinados, pero no en otros.

Es científicamente incorrecto afirmar que la guerra y otras conductas violentas están genéticamente programadas en nuestra naturaleza humana. Los genes están implicados en todos los niveles de función del sistema nervioso y proporcionan un potencial que puede ser actualizado tan sólo en conjunción con el entorno social y ecológico. De este modo, aunque los individuos varían en sus predisposiciones a ser afectados por la experiencia, es la interacción entre el equipo genético y las condiciones de crianza quien determina las personalidades respectivas. Salvo raras patologías, los genes no producen individuos necesariamente predispuestos a la violencia. Sin embargo, tampoco determinan lo contrario. De este modo, a pesar de que están implicados en el establecimiento de nuestras capacidades de conducta, los genes no especifican el resultado del mismo.

Es científicamente incorrecto afirmar que en el curso de la evolución humana se ha producido una selección natural más a favor de la conducta agresiva que de otras clases de actitud. En todas las especies estudiadas a fondo, el estatus dentro del grupo se obtiene mediante la habilidad de cooperar y cumplir funciones sociales relevantes para la estructura del grupo. La «dominancia» supone vínculos sociales y afiliaciones; y no es simplemente una cuestión de posesión y uso de una fortaleza física superior, aunque esto implique conductas agresivas.

Es científicamente incorrecto afirmar que los humanos poseemos un «cerebro violento». A pesar de tener el aparato neural para actuar violentamente, éste no se activa automáticamente mediante estímulos internos o externos. Al igual que los primates superiores y diversamente a otros animales, nuestros procesos superiores filtran tales estímulos antes de activar la respuesta. La forma como nosotros actuaremos está mediatizada por la manera como hemos sido condicionados y socializados. No hay nada en nuestra neurofisiología que inste a las reacciones violentas.

Es científicamente incorrecto afirmar que la guerra es fruto del instinto u otras motivaciones similares. La emergencia de la guerra moderna ha supuesto un trayecto desde la primacía de factores emocionales y motivacionales, a menudo denominados «instintos», a la primacía de factores cognitivos. La guerra moderna implica el uso institucional de características personales tales como la obediencia, la sugestibilidad y el idealismo; habilidades sociales como el lenguaje y consideraciones racionales como el cálculo del coste, pláning y proceso de información. La tecnología de la guerra moderna ha exacerbado rasgos asociados a la violencia, ya sea en el entrenamiento de los contendientes, como en la preparación del apoyo moral para la guerra en la sociedad. Como resultado de esta exageración, dichos rasgos son a menudo confusos con lo que respecta a las causas y no a las consecuencias del proceso.

Finalmente, la Declaración sobre la Violencia concluye que la biología no condena a la humanidad a la guerra, por lo que la humanidad puede liberarse del pesimismo y, alentada por la confianza, emprender las tareas transformadoras necesarias en el presente Año Internacional de la Paz, y en el futuro. Y aunque estas tareas son primordialmente institucionales y colectivas, también deben ser encauzadas individualmente, dado que algunos de los factores cruciales, tales como el pesimismo y el optimismo, residen en la consciencia del individuo. Del mismo modo que la «guerra empieza en la mente del hombre», la paz también empieza en nuestra mente. La misma especie que inventó la guerra es capaz de inventar la paz. Esta responsabilidad se halla en la mano de cada uno de nosotros.

7.9

NOMBRE DE LA ACTIVIDAD	DEFENDAMOS NUESTROS DERECHOS
TIPO DE ACTIVIDAD	*Específica.*
OBJETIVO	Saber defender sus derechos a través de representaciones de situaciones cotidianas.
SESIONES	1
LUGAR	Aula
ESTRUCTURA DE LA CLASE	Trabajo individual y puesta en común en gran grupo
MATERIAL	Folios y bolígrafo

DESARROLLO DE LA ACTIVIDAD:

El profesor presentará situaciones cotidianas donde el alumno tendrá que defender sus derechos de manera asertiva, sin usar la agresividad.

A modo de ejemplo, presentamos las siguientes situaciones:

— ¿Qué harías si alguien te quisiese pasar delante en la cola del cine?
— Si encuentras que te han puesto una nota injusta en un examen, ¿cómo lo defenderías delante de tu profesor?
— En una asamblea se hace una selección de las ideas surgidas y te das cuenta de que la tuya no está contemplada, ¿qué dirías o qué harías?
— Te quieres introducir en un juego que ya está empezado y no te dejan, ¿qué harías?

El profesor tendrá que remarcar que estas situaciones no siempre se tienen que resolver a favor del protagonista, también es necesario tener en cuenta la defensa asertiva de los derechos del otro.

Posteriormente se hará una puesta en común para valorar diferentes soluciones asertivas a estas situaciones, dándose cuenta de que, en ningún caso, ha sido necesaria la agresividad.

OTRAS VARIABLES IMPLICADAS. Dignidad y autoestima. Creatividad e iniciativa.

NOMBRE DE LA ACTIVIDAD	¿SABEMOS QUÉ ES UNA AGRESIÓN?
TIPO DE ACTIVIDAD	*Específica.*
OBJETIVO	Valorar qué es una agresión, cómo puede expresarse la agresión y sus consecuencias.
SESIONES	1
LUGAR	Aula
ESTRUCTURA DE LA CLASE	Grupo de clase
MATERIAL	Papel y bolígrafo

DESARROLLO DE LA ACTIVIDAD:

A partir de una observación inicial que hace el profesor iniciaremos una conversación acerca de :

«A veces los niños, los jóvenes y también los adultos se insultan, discuten y se pelean. A veces un grupo de personas se enfrenta violentamente a otros.»

Se pide :

— Poner ejemplos de actuaciones como lo que acaba de exponer el profesor.
— ¿Qué es una agresión?
— ¿De cuántas maneras se puede expresar una agresión?
— ¿A qué lleva la conducta agresiva?
— Perjuicios y beneficios de esta conducta.

OTRAS VARIABLES IMPLICADAS. Comunicación y revelación de sentimientos. Creatividad.

NOMBRE DE LA ACTIVIDAD	EL BUZÓN
TIPO DE ACTIVIDAD	*Específica.*
OBJETIVO	Autorreflexionar sobre los conflictos y ofrecer vías de solución.
SESIONES	1
LUGAR	Aula
ESTRUCTURA DE LA CLASE	Grupo de clase
MATERIAL	Buzón de cartón, hojas de papel, sobres y bolígrafo

DESARROLLO DE LA ACTIVIDAD:

Delante de un conflicto los alumnos pueden escribir una nota donde expliquen qué ha pasado, quiénes están implicados y qué solución se puede dar.

Introducen la nota en un sobre. En el dorso escriben el nombre del destinatario y al reverso, el del remitente.

Pueden escribir estas notas durante la semana en momentos libres de clase o en su casa con la colaboración de los padres (para involucrar de esta manera a la familia).

Las notas se repartirán en la hora de tutoría; si se tercia, se pueden leer y comentar en clase.

OTRAS VARIABLES IMPLICADAS. Actitudes y habilidades de relación interpersonal. Comunicación y revelación de sentimientos.

NOMBRE DE LA ACTIVIDAD	EL DILEMA
TIPO DE ACTIVIDAD	*Específica.*
OBJETIVO	Cooperar con los compañeros que tienen opiniones diferentes de la propia.
SESIONES	1
LUGAR	Aula
ESTRUCTURA DE LA CLASE	Tantos grupos como respuestas al dilema
MATERIAL	No es preciso material específico

DESARROLLO DE LA ACTIVIDAD:

Se explica a los alumnos un dilema y se les dejan unos minutos para que piensen la solución.

Después se pide que levanten la mano a los partidarios de cada una de las soluciones y se los agrupa.

Se hace un debate donde cada grupo explica su postura.

Se forman parejas de alumnos que tienen diferente opinión, los cuales tienen que elaborar una lista de las posibles soluciones. De esta manera, alumnos con opiniones diferentes compartirán una misma tarea.

El dilema es :

«Un compañero de clase está enfadado contigo y tú no sabes exactamente el motivo. No sois demasiado amigos, pero no te gusta esta situación.

¿Qué tendrías que hacer?»

OTRAS VARIABLES IMPLICADAS. Compartir. Comunicación y revelación de sentimientos.

185

NOMBRE DE LA ACTIVIDAD	LOS PORTAVOCES
TIPO DE ACTIVIDAD	*Específica.*
OBJETIVO	Expresar quejas verbalmente de forma adecuada.
SESIONES	1
LUGAR	Aula
ESTRUCTURA DE LA CLASE	Grupo de clase
MATERIAL	No es preciso material específico

DESARROLLO DE LA ACTIVIDAD:

Se valora con los alumnos la importancia de solucionar los problemas cuando aparecen y de expresar nuestras quejas con educación.

Se pide a dos alumnos voluntarios para que hagan de portavoces. Si diferentes alumnos quieren hacer este papel se harán rotaciones.

Cuando exista un problema en el cual estén implicados elementos externos de la clase, como por ejemplo una pelea o una coincidencia de horarios en el gimnasio o en el patio, se explicará al grupo y entre todos se buscará la mejor solución y la manera adecuada de expresarla verbalmente.

Después los portavoces, siguiendo las indicaciones dadas por el grupo de clase, hablarán con la persona o grupo de personas implicadas, a las cuales se pedirá una solución que será explicada al curso por los portavoces.

OTRAS VARIABLES IMPLICADAS. Actitudes y habilidades de relación interpersonal.

MODELOS PROSOCIALES REALES Y EN LA IMAGEN

OBJETIVOS
— Descubrir y focalizar la atención en personas-personajes de la realidad o del cine como modelos para una identificación positiva con ellos, facilitando así el aprendizaje de actitudes y comportamientos prosociales.

— Favorecer un descondicionamiento crítico frente a los medios audiovisuales, especialmente el televisivo, que supone equipar a los alumnos de una capacidad de extraer incluso de los contenidos negativos una reacción crítica positiva para su criterio y consciencia.

FUNDAMENTOS DE ESTA VARIABLE Y ASPECTOS A TRABAJAR
Dentro de esta variable incluimos el trabajo sobre los efectos del medio televisivo en la educación y formación de la personalidad de nuestros alumnos.

No cabe duda de que todos los agentes educativos estaríamos de acuerdo en reconocer los efectos negativos que tienen en nuestros alumnos unos contenidos televisivos que, muchas veces, contradicen el trabajo continuado de una educación a los valores por parte de los educadores o padres.

Por ejemplo, el visionado repetido de acciones violentas a través de la pequeña pantalla. Se han hecho numerosos estudios que corroboran el efecto de unos modelos negativos, mientras que no han sido tantos los estudios encaminados a comprobar los efectos que podrían tener en el comportamiento de los adolescentes el estudio de modelos positivos, prosociales.

La filosofía del programa asume este supuesto. Y presentará modelos que puede extraer de diferentes fuentes: de la realidad, con personajes reconocidos por todos y personas anónimas de nuestro alrededor así como de la ficción tanto literaria como audiovisual.

Pero el programa va más allá: se debe equipar a los jóvenes de capacidades críticas para que puedan extraer de los contenidos neutros o negativos unas consecuencias positivas para su desarrollo mental y moral.

Puede ser interesante que sean los propios alumnos los que realicen la búsqueda de estos modelos, discutiendo en clase si son considerados como tales por todo el grupo, o si solamente son modelos para algunos.

A la vez, este trabajo pondrá en evidencia la necesidad de clarificación de los valores de cada uno. Con lo que además de contribuir al respeto y consideración de estos valores por parte de todos, pueden constituir criterios de partida para examinar los contenidos neutros o negativos a los que, a pesar de todo, los adolescentes y jóvenes están siempre expuestos.

8.1

NOMBRE DE LA ACTIVIDAD	CÓMIC PROSOCIAL
TIPO DE ACTIVIDAD	*Relacionada con el área de LENGUA.*
OBJETIVO	Aplicar conductas prosociales en los cómics.
SESIONES	2
LUGAR	Aula
ESTRUCTURA DE LA CLASE	Grupo de clase
MATERIAL	Material de dibujo y escritura

DESARROLLO DE LA ACTIVIDAD:

Cada alumno hará un cómic donde se demuestren acciones prosociales de un personaje. Con los comics de todos los alumnos se confeccionará un álbum.

Una variante puede ser la realización de un mural por grupos de alumnos.

OTRAS VARIABLES IMPLICADAS. Todas.

8.2

NOMBRE DE LA ACTIVIDAD	DESCUBRIR ENGAÑOS
TIPO DE ACTIVIDAD	*Relacionada con el área de LENGUA.* *Tarea en casa.*
OBJETIVO	Identificar el mensaje implícito de los anuncios publicitarios.
SESIONES	2
LUGAR	En casa y en el aula
ESTRUCTURA DE LA CLASE	Grupos pequeños
MATERIAL	Revistas, periódicos, televisión, vídeo, cintas de vídeo, magne-tófono y cintas de audio.

DESARROLLO DE LA ACTIVIDAD:

A) Se dividirá la clase en seis grupos pequeños: dos grupos tratarán los anuncios de la televisión, dos grupos los anuncios de la radio y los restantes dos grupos los anuncios de la prensa.

B) Cada grupo escogerá, en casa, anuncios de su medio de comunicación y los analizarán con detalle, intentando descubrir qué mensaje implícito, qué engaño, está detrás de cada anuncio publicitario.

Posteriormente, cada grupo expondrá sus conclusiones al resto de la clase.

OTRAS VARIABLES IMPLICADAS. Creatividad. Comunicación.

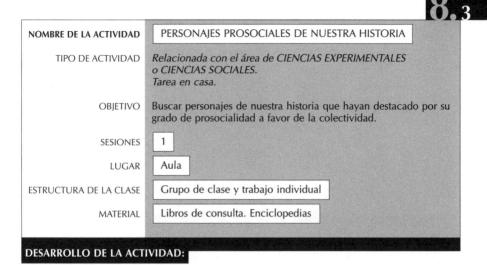

NOMBRE DE LA ACTIVIDAD	PERSONAJES PROSOCIALES DE NUESTRA HISTORIA
TIPO DE ACTIVIDAD	*Relacionada con el área de CIENCIAS EXPERIMENTALES o CIENCIAS SOCIALES.* *Tarea en casa.*
OBJETIVO	Buscar personajes de nuestra historia que hayan destacado por su grado de prosocialidad a favor de la colectividad.
SESIONES	1
LUGAR	Aula
ESTRUCTURA DE LA CLASE	Grupo de clase y trabajo individual
MATERIAL	Libros de consulta. Enciclopedias

DESARROLLO DE LA ACTIVIDAD:

Para introducir la actividad, el profesor puede leer la biografía de algún personaje que se haya estudiado en la clase de ciencias experimentales o de ciencias sociales. Procurará que en la lectura se pongan de relieve todos los aspectos prosociales que se hayan dado en su vida.

A continuación propondrá a los alumnos realizar una búsqueda de «personajes prosociales de nuestra historia». Esta búsqueda puede hacerse dando el nombre de los personajes el profesor o escogiéndolos los mismos alumnos. (Muchos centros escolares llevan el nombre de alguna personalidad que será conveniente incluir, con un trato especial, en la lista de biografías.)

Los alumnos, individualmente o por grupos, escribirán la biografía de estos personajes, fijándose en todas aquellas cualidades que caracterizan a un modelo prosocial. El profesor tendrá en cuenta el material teórico de la variable para darles pautas a seguir.

Con estas biografías se puede confeccionar un mural. También se podrían hacer representaciones, con los alumnos caracterizados según la época. Los personajes se pueden presentar ellos mismos, o bien unos a otros, o hacerse preguntas para explicar su vida.

OTRAS VARIABLES IMPLICADAS. Todas.

8.4

NOMBRE DE LA ACTIVIDAD	ENTREVISTAS A PERSONAJES PROSOCIALES
TIPO DE ACTIVIDAD	*Relacionada con el área de LENGUA.*
OBJETIVO	Elaborar guiones para hacer entrevistas a personajes actuales que destaquen por su grado de prosocialidad.
SESIONES	1
LUGAR	Aula
ESTRUCTURA DE LA CLASE	Trabajo en grupo y grupo de clase
MATERIAL	Folios y bolígrafo

DESARROLLO DE LA ACTIVIDAD:

Los alumnos, con la ayuda del profesor, pensarán sobre personajes de la actualidad, que conocerán principalmente a través de los medios de comunicación, que podemos considerar como modelos prosociales. Dividiremos la clase en grupos y se distribuirá a cada grupo uno o más de estos personajes.

Los alumnos elaborarán el guión de una entrevista a estos personajes para conocer su actuación concreta.

Si se tiene ocasión se podría enviar por correo a alguna de estas personas, rogándole que conteste. Si esto no fuese posible, los alumnos elaborarán ellos mismos las hipotéticas respuestas, buscando material.

Llevarán escritas a clase estas entrevistas y con ellas se puede confeccionar un álbum y también se podrían representar.

Simultáneamente, o en un trabajo posterior, según el criterio del profesor, pensarán sobre personas de su entorno a las que también podríamos atribuir esta característica de modelo prosocial. En este caso, sí que las entrevistas pueden ser reales o incluso se podría dar la posibilidad de que esta persona viniese al centro escolar para ser entrevistada por los alumnos.

OTRAS VARIABLES IMPLICADAS. Todas.

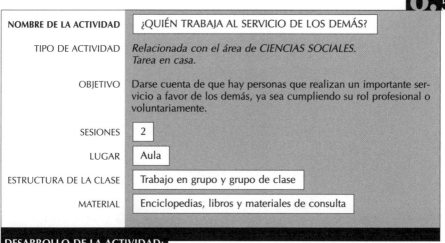

NOMBRE DE LA ACTIVIDAD	¿QUIÉN TRABAJA AL SERVICIO DE LOS DEMÁS?
TIPO DE ACTIVIDAD	*Relacionada con el área de CIENCIAS SOCIALES.* *Tarea en casa.*
OBJETIVO	Darse cuenta de que hay personas que realizan un importante servicio a favor de los demás, ya sea cumpliendo su rol profesional o voluntariamente.
SESIONES	2
LUGAR	Aula
ESTRUCTURA DE LA CLASE	Trabajo en grupo y grupo de clase
MATERIAL	Enciclopedias, libros y materiales de consulta

DESARROLLO DE LA ACTIVIDAD:

El profesor y los alumnos conjuntamente elaborarán una lista de profesiones que se destaquen por su marcado carácter de servicio a favor de los demás. A continuación pensarán en asociaciones que también realicen un servicio altruista pero en este caso con carácter voluntario, como pueden ser la Cruz Roja, grupos ecologistas, Manos Unidas, etc.

Se escogerán algunas profesiones y asociaciones y los alumnos tendrán que elaborar un pequeño informe sobre sus actividades destacando el motivo por el que las pueden considerar como modelos prosociales. Sería interesante si pudiesen contactar directamente con alguno de los profesionales escogidos y de las asociaciones.

Posteriormente, se leerán los informes en clase y se confeccionará una carpeta con todos ellos.

OTRAS VARIABLES IMPLICADAS. Creatividad e iniciativa.

NOMBRE DE LA ACTIVIDAD	DIMENSIONES Y GRADOS DEL ALTRUISMO
TIPO DE ACTIVIDAD	*Específica.*
OBJETIVO	Ofrecer una pauta para hacer el análisis de las acciones estudiadas en esta variable, para poder establecer diferencias entre las distintas acciones.
SESIONES	1
LUGAR	Aula
ESTRUCTURA DE LA CLASE	Grupo de clase
MATERIAL	No es preciso material específico

DESARROLLO DE LA ACTIVIDAD:

Ofrecemos unas pautas, elaboradas a partir de los trabajos de Sorokin (1969), para poder analizar las diferentes acciones prosociales que se examinan en esta variable.

Formulamos cinco categorías fundamentales:

— *Intensidad.* Desde cero hasta llegar a un máximo que se manifieste en la inmolación o sacrificio por el otro.
— *Extensión.* Desde cero hasta abarcar todo el género humano.
— *Duración.* Desde un breve instante hasta prolongarse toda la vida.
— *Pureza.* Según el grado de cálculo egocéntrico.
— *Adecuación.* Desde el altruismo ciego hasta el inteligente y que, en una perspectiva prosocial, se orienta a promover la prosocialidad cualitativa.

Se hará un debate explicando las diferentes categorías y se pondrán ejemplos con el fin de concretar su aplicación.

OTRAS VARIABLES IMPLICADAS. Todas.

NOMBRE DE LA ACTIVIDAD	ACCIONES ANÓNIMAS
TIPO DE ACTIVIDAD	*Específica.*
OBJETIVO	Observar todas las acciones prosociales anónimas que se dan en la vida corriente, y que quizá pasen desapercibidas.
SESIONES	1
LUGAR	Aula
ESTRUCTURA DE LA CLASE	Grupo de clase y trabajo individual
MATERIAL	Anecdotario y bolígrafo

DESARROLLO DE LA ACTIVIDAD:

Después de haber trabajado con los alumnos la búsqueda de modelos prosociales «famosos», les invitaremos a observar su entorno en donde las personas «corrientes» también muchas veces nos podemos convertir en modelos ya que realizaremos acciones prosociales a favor de los demás.

Los alumnos anotarán, durante un tiempo determinado, todas las acciones prosociales que vean realizar a su alrededor. Explicarán quién ha hecho la acción y en qué ha consistido.

Las acciones deben responder a toda la gama de comportamientos prosociales que hemos trabajado durante este tiempo.

Posteriormente, haremos una puesta en común que tendrá que provocar un rico debate. Analizaremos a qué variable corresponden las diferentes acciones y qué características tienen siguiendo la pauta de la ficha: «Dimensiones y grados del altruismo» (ficha 8.6).

OTRAS VARIABLES IMPLICADAS. Todas.

NOMBRE DE LA ACTIVIDAD	ANÁLISIS DE UNA PELÍCULA
TIPO DE ACTIVIDAD	*Específica.* *Tarea en casa.*
OBJETIVO	Seleccionar escenas prosociales de una película, siguiendo el guión de análisis prosocial de contenidos.
SESIONES	2
LUGAR	Sala de vídeo
ESTRUCTURA DE LA CLASE	Grupo de clase
MATERIAL	Vídeo, televisión, cinta, papel, bolígrafo y mural

DESARROLLO DE LA ACTIVIDAD:

Junto con su familia, los alumnos visionarán la película *La Lista de Schindler* o cualquier otra que tenga un protagonista eminentemente prosocial.

Los alumnos tomarán nota de los momentos más prosociales de la película.

Para ello se ayudarán de la utilización del guión para el análisis prosocial de contenidos.

Después se hará una puesta en común donde cada uno explicará las escenas que ha escogido y la razón por la cual las ha considerado prosociales.

Se elabora un listado de escenas prosociales y finalmente entre todos se etiqueta cada una de las escenas con una palabra: generosidad, ayuda, escucha.

OTRAS VARIABLES IMPLICADAS. Todas.

ANÁLISIS PROSOCIAL DE CONTENIDOS DE UNA SESIÓN TELEVISIVA

Este análisis, basado en el modelo UNIPRO para la optimización de la prosocialidad, debería provocar una comunicación entre los componentes de un grupo, después de haber visto juntos, por ejemplo, una película. Puede servir también para referirse a contenidos vistos con anterioridad.

En caso de tratarse de un grupo numeroso (una clase o un público de una sala) se recomienda dividirlo por grupos pequeños de un máximo de quince personas en los que estén representadas, si es posible, las diversas edades. Una persona entonces actuará de moderador y otra de secretario para anotar las diversas intervenciones. Estos dos cargos serán quienes, después, en una posterior puesta en común, relatarán lo comentado a toda la sala.

❶ ¿Cómo es considerada la persona humana y su dignidad?
¿Es respetada por lo que es o por lo que tiene, posee o representa?
¿Hay discriminaciones a causa del sexo, raza o riqueza?
¿Es considerada como un objeto, por ejemplo, de experiencias de tipo sexual?

194

¿Cómo se considera a las personas enfermas o minusválidas?
¿Las personas valen por sí mismas o por ser parte de un estado o grupo?

❷ ¿Se ponen de relieve los aspectos positivos de los demás: personas, pueblos, países, patrias?
¿Se pone de relieve lo que une y no lo que divide?

❸ Calidad de las actitudes y habilidades de relación entre personas.
Analizar especialmente cómo se saludan.
En la conversación, ¿hay buena escucha? Tipos de sonrisa.
Los personajes ¿se muestran interesados por el mundo interno de los interlocutores? ¿Se hacen preguntas que así lo demuestran?
¿Aparece el agradecimiento? ¿Cómo se expresa?

❹ ¿Aparecen personajes creativos o con iniciativa prosocial o aparece sólo la pertenencia masificada al grupo? Comentar cómo se manifiestan.
¿Saben abordar realmente los problemas de los demás?
¿Se interesan y afrontan los problemas de la comunidad?
¿Saben dar alternativas o soluciones a esos problemas?

❺ Nivel de comunicación existente entre los personajes: superficial, banal, profundo, de compartir ideales o compromisos.
Calidad de las relaciones afectivas mostradas: tipos de modelos que se proponen (amistad, relaciones de pareja: relaciones ocasionales, simples convivencias, uniones de corto plazo, matrimonios estables).

❻ ¿Aparecen personajes especialmente sensibles en el comprender a los demás?
¿Se saben poner en el lugar del «otro»?
¿Hay personajes muy sensibles a las situaciones de problemas sociales: injusticias, falta de solidaridad?

❼ ¿Cómo se trata la violencia y la agresividad?
¿Cómo se trata la competitividad?
¿Autoridad o servicio?
¿Cómo aparece el dolor y la muerte?
¿Aceptación de la realidad? ¿Compromiso para transformarla o evasión?
Relación con la naturaleza: ¿respeto o destrucción?

❽ ¿Con qué personajes y actitudes nos sentimos, al menos parcialmente, identificados?
¿Con cuáles nos sentimos en antítesis? Características de los líderes.
Razonarlo en relación con el tipo de modelos agresivos o prosociales, violentos o dialogantes, egoístas o altruistas.
Modelos de felicidad propuestos: riqueza, placer, compromiso hacia los demás.
Presencia del factor religioso.

❾ Señalar con detalle, poner de relieve y comentar todas las actitudes o comportamientos prosociales observados: ayuda, servicio, consuelo, compartir o generosidad. Escucha profunda, solidaridad, anticipación a los deseos de los demás. Presencia positiva, y en general todo lo que favorece la reciprocidad y la unidad.

❿ Acciones que afrontan las dificultades sociales y colectivas.
¿Aparece la complejidad y la riqueza de matices de las situaciones humanas y políticas?
Prosocialidad de un grupo o un país para con otro.
¿Personajes que luchan por un bien colectivo o por la justicia?
¿Hay desobediencia civil por una causa superior?

NOMBRE DE LA ACTIVIDAD	ANUNCIAR LA PROSOCIALIDAD
TIPO DE ACTIVIDAD	*Relacionada con las áreas de LENGUA y EDUCACIÓN VISUAL Y PLÁSTICA.*
OBJETIVO	Mostrar los beneficios de mantener conductas prosociales a través de anuncios publicitarios.
SESIONES	3
LUGAR	Aula
ESTRUCTURA DE LA CLASE	Grupos pequeños
MATERIAL	Filmadora y cintas de vídeo

DESARROLLO DE LA ACTIVIDAD:

Los alumnos se agruparán libremente en pequeños grupos y elaborarán un anuncio publicitario mostrando las satisfacciones y ventajas de mantener conductas prosociales con los otros.

Para hacer el anuncio tendrán que pensar: qué queremos conseguir del público y qué medios utilizaremos para conseguirlo.

Después el profesor grabará los diferentes anuncios en vídeo y con todos ellos se hará una cinta de anuncios hacia la prosocialidad.

Este material puede servir de punto de partida para un trabajo de debate y reflexión con el mismo grupo o con otros alumnos diferentes.

OTRAS VARIABLES IMPLICADAS. Todas.

NOMBRE DE LA ACTIVIDAD	GUATEMALA
TIPO DE ACTIVIDAD	Relacionada con el área de CIENCIAS SOCIALES, dentro de la Semana Intercultural.
OBJETIVO	Valorar lo que significa ayudar a los otros.
SESIONES	1
LUGAR	Sala de vídeo
ESTRUCTURA DE LA CLASE	Grupo de clase
MATERIAL	Vídeo de Intermón, por ejemplo

DESARROLLO DE LA ACTIVIDAD:

Con motivo de la Semana Intercultural se acudirá a la sala de vídeo para ver la realidad de Guatemala y de qué manera Intermón ayudaba en ella.

Después se organiza un debate abierto sobre lo que se ha visto.

Lógicamente, se puede escoger otro vídeo de otra ONG sobre países en vías de desarrollo.

OTRAS VARIABLES IMPLICADAS. Todas.

8.11

NOMBRE DE LA ACTIVIDAD	UN LARGO CAMINO, ¿QUÉ LLEVO CONMIGO?
TIPO DE ACTIVIDAD	*Relacionada con el área de CIENCIAS SOCIALES.*
OBJETIVOS	- Conocer la condición de vida de los refugiados. - Analizar las causas que generan movimientos de población refugiada y desplazada. - Participar en la búsqueda de soluciones, aportando iniciativas personales.
SESIONES	2
LUGAR	Sala de vídeo
ESTRUCTURA DE LA CLASE	Grupo de clase y pequeños grupos
MATERIAL	Vídeo de Intermón: «Un largo camino», papel y bolígrafo

DESARROLLO DE LA ACTIVIDAD:

Coincidiendo con una posible celebración a nivel del centro escolar de la «Semana de la Solidaridad», se cuenta con el apoyo de la fundación Intermón para trabajar el tema de «La solidaridad con la población refugiada del mundo».

Primero, en la sala de vídeo, se presenta y se pasa el vídeo «Un largo camino», que muestra cómo millones de personas de diferentes lugares del mundo se ven obligadas a abandonar sus hogares, su familia, sus pertenencias, por motivos religiosos, políticos o étnicos, o bien a causa de las guerras o por condiciones de vida infrahumanas.

Posteriormente, en el aula y trabajando en grupos de tres, se realiza la actividad siguiente: imaginemos que tenemos que huir de nuestra ciudad o lugar de residencia. Vamos a confeccionar una lista de todo aquello que nos podríamos llevar y también de lo que deberíamos dejar atrás. El trabajo en grupos es para poder comentar y comparar la relación obtenida y sacar conclusiones de ello.

Esta actividad hace posible, después, una reflexión profunda de lo que significa ser refugiado y de la necesidad de proporcionar ayuda a quienes padecen esta condición.

OTRAS VARIABLES IMPLICADAS. Dignidad. Empatía. Prosocialidad colectiva y compleja.

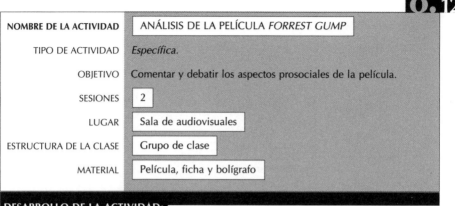

NOMBRE DE LA ACTIVIDAD	ANÁLISIS DE LA PELÍCULA *FORREST GUMP*
TIPO DE ACTIVIDAD	*Específica.*
OBJETIVO	Comentar y debatir los aspectos prosociales de la película.
SESIONES	2
LUGAR	Sala de audiovisuales
ESTRUCTURA DE LA CLASE	Grupo de clase
MATERIAL	Película, ficha y bolígrafo

DESARROLLO DE LA ACTIVIDAD:

Previamente al visionado de la película *Forrest Gump*, se entabla entre la clase un pequeño debate que predisponga a la visión positiva y motivadora de la misma. Resulta útil conocer las referencias que tengan por haberla visto ya.

En una sesión diferente, los alumnos contestarán individualmente la ficha sobre la película (adjunta) para pasar a comentar sus respuestas en pequeño grupo (cuatro personas) y entre el grupo de clase al final.

Se procurará favorecer el diálogo entre los alumnos y la valoración positiva de las acciones descritas como prosociales, así como la descalificación de las que hayan sido detectadas como opuestas a dicha conducta.

OTRAS VARIABLES IMPLICADAS. Dignidad. Valoración de lo positivo en el comportamiento de los demás. Ayudar, dar y compartir.

FORREST GUMP

* Haz una lista de tres cualidades positivas que encuentres en el protagonista de la película respecto a su comportamiento hacia los demás. Explica brevemente en qué pasaje de la película se pueden ver cada una de estas cualidades.
* ¿Recuerdas qué sucede cuando sube por primera vez en el autobús de la escuela? Explícalo.
* ¿Se vuelve a repetir alguna situación parecida más adelante? ¿Cuándo?
* ¿Qué opinas sobre lo que sucede en estas escenas?
* ¿Qué personajes crees que actúan debidamente en estas situaciones?
* ¿Por qué crees que lo hace?
* ¿Cuál crees que es el hecho más admirable durante la estancia de Forrest Gump en el ejército? ¿Por qué te lo parece?
* ¿Con qué palabra podríamos calificar lo que hizo Forrest por sus compañeros? ¿Por qué razón crees que se juega la vida como lo hace?
* Comenta un poco la relación que hay después de este hecho entre Forrest y el teniente. ¿Qué te parece la reacción que tiene al principio el teniente respecto a Forrest? ¿Por qué crees que actúa así? ¿Te parece que termina agradeciéndole su ayuda o no?
* ¿Por qué razón la gente sigue a Forrest cuando corre por todo el país?
* De todas las cosas que Forrest consigue a lo largo de su vida, ¿cuál crees que es la que más quiere? ¿Qué especie de persona demuestra ser con esto? ¿Qué cosas son las más importantes para él en la vida?
* Cuando la gente pregunta a Forrest si es «tonto», él contesta: «Tonto es quien hace tonterías». ¿Qué crees que quiere decir con esto?

NOMBRE DE LA ACTIVIDAD	LA TELEVISIÓN, ¿NOS COME EL COCO?
TIPO DE ACTIVIDAD	*Específica.*
OBJETIVO	Participar en un debate sobre los efectos de consumir televisión de manera indiscriminada.
SESIONES	1
LUGAR	Aula
ESTRUCTURA DE LA CLASE	Gran grupo
MATERIAL	No es necesario material específico

DESARROLLO DE LA ACTIVIDAD:

El profesor propondrá entablar un debate sobre el tema de la televisión. Cada alumno expondrá el tiempo que la ve y con qué criterios, si es que los tiene.

Seguidamente se valorarán los distintos contenidos televisivos para darse cuenta de sus preferencias.

El profesor hará hincapié en que los alumnos se den cuenta de los mensajes implícitos que se transmiten a través de la pequeña pantalla.

También sería conveniente fijarse en la incomunicación que a menudo propicia la televisión entre los miembros de una familia.

OTRAS VARIABLES IMPLICADAS. Comunicación.

La ayuda.
Dar.
Compartir

Responsabilidad y cuidado de los demás.

OBJETIVOS Y ASPECTOS A TRABAJAR

— Incorporar en el repertorio de actitudes y comportamientos de los alumnos los más específicos del programa:

Ayuda verbal. Consolar. Ayuda y servicio físico. Compartir y dar. Escucha profunda. Empatía. Presencia positiva. Confirmación y valoración del otro (incluso de terceras personas). Tener cuidado de los demás. Anticiparse a los deseos de los demás. Procurar la amistad y la unidad. Cooperación. Solidaridad.

— Como destinatarios, tener presente siempre: personas con discapacidades, personas en la vejez o personas de otras razas.

FUNDAMENTOS DE ESTA VARIABLE

Sin duda nos encontramos ante la variable más específica del programa, ya que en el fondo constituye el objetivo global del mismo. Este hecho no quiere decir que se hubiera podido trabajar aislada, ya que como hemos visto a lo largo de toda la aplicación es imprescindible para su consecución el haber alcanzado los objetivos que nos hemos propuesto en cada una de las variables.

Ya en la variable anterior trabajamos sobre el análisis de diferentes acciones para establecer el grado de «prosocialidad» que se les podía atribuir. Hacíamos este análisis partiendo especialmente de las características de la acción en sí.

En esta variable quisiéramos invitar a nuestros alumnos primordialmente a desarrollar ellos mismos acciones prosociales, y para ello partiremos también de un análisis de situaciones pero fijándonos más bien en los diferentes tipos de acciones: ayuda verbal, ayuda y servicio físico, compartir y dar, escucha profunda, empatía, presencia positiva, confirmación y valoración del otro, tener cuidado de los demás, anticiparse a sus deseos, procurar la amistad y la unidad, cooperación, solidaridad.

Y esto con el fin de ampliar el horizonte de posibles acciones a cumplir cuando se habla de ayudar al otro, a otros o a grupos.

9.1

NOMBRE DE LA ACTIVIDAD	A VUELTAS CON LA PROSOCIALIDAD
TIPO DE ACTIVIDAD	*Específica.*
OBJETIVOS	- Valorar qué significa ayudar a otros. - Reflexionar sobre la importancia de unas relaciones basadas en la cooperación.
SESIONES	2
LUGAR	Aula
ESTRUCTURA DE LA CLASE	Grupo de clase
MATERIAL	No es preciso material específico

DESARROLLO DE LA ACTIVIDAD:

En la primera sesión, el profesor parte de la siguiente observación inicial:

«Algunas veces nos hemos sentido solos y aburridos, o hemos tenido frío, hambre o miedo. A veces hemos estado enfermos o hemos deseado conocer algo que no conocíamos. En estas circunstancias, sentíamos la necesidad de que alguien nos ayudase, es decir, nos hiciese compañía, cuidase de nosotros... Actuar así cuando alguien lo necesita es proporcionar ayuda.»

Después se les plantean estas situaciones para que contesten abiertamente, respetando el turno de palabras:

— Explica ejemplos concretos en donde hayas recibido ayuda.

— Cómo te has sentido cuando alguien te ha denegado su ayuda.

— En qué circunstancias has ayudado a alguien o has tenido la oportunidad de hacerlo.

— Hacer notar que quien actúa así pierde alguna cosa (tiempo, energía, objetos, dinero) que lo gana quien recibe esta ayuda; y que ésto tiene un mérito, un valor.

— Insistir en la idea que ayudar no es sólo ofrecer cosas materiales, sino también afecto, compañía, y que ayudar no significa ofrecer lo que uno quiere, sino lo que el otro necesita.

En la segunda sesión, el profesor parte de la siguiente observación inicial:

«A nivel individual, quien ayuda recibe la estimación de aquel al que ha ayudado y se gana también la garantía de recibir en el futuro un comportamiento parecido por parte de los otros en el caso que lo necesite.»

— Hacemos notar que la cooperación hace posible la construcción de todo lo que nos rodea (objetos, edificios, carreteras, hospitales).

— Poner ejemplos donde se vea claramente lo que en solitario (sin cooperación) no se hubiera podido hacer.

— Destacar que sin el cuidado, la ayuda y la cooperación de sus padres, familiares, profesores, ellos mismos (que nacieron incluso incapaces de alimentarse solos) no podrían ser hombres o mujeres de mañana.

— Finalmente, cada alumno dibujará una situación de ayuda a los otros y una de cooperación.

OTRAS VARIABLES IMPLICADAS. Todas.

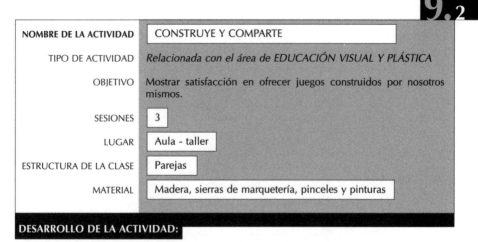

NOMBRE DE LA ACTIVIDAD	CONSTRUYE Y COMPARTE
TIPO DE ACTIVIDAD	*Relacionada con el área de EDUCACIÓN VISUAL Y PLÁSTICA*
OBJETIVO	Mostrar satisfacción en ofrecer juegos construidos por nosotros mismos.
SESIONES	3
LUGAR	Aula - taller
ESTRUCTURA DE LA CLASE	Parejas
MATERIAL	Madera, sierras de marquetería, pinceles y pinturas

DESARROLLO DE LA ACTIVIDAD:

Se explica a los alumnos que ellos tienen habilidades para construir juegos que después pueden hacer felices a otros niños, y se les propone hacer rompecabezas de madera (tablero). Estos rompecabezas se ofrecerán a los alumnos del parvulario de la escuela o bien se pueden dar a otros niños o escuelas más necesitadas.

Es importante tener en cuenta que antes de hacer una actividad plástica es conveniente hacer un diseño previo.

Una vez acabados los rompecabezas se entregarán y entonces los alumnos dispondrán de un rato para jugar con los pequeños con el material que han elaborado.

Posteriormente, ya en clase, cada alumno individualmente hará una lista de sensaciones que ha experimentado en el momento de dar el juego, cuando ha pensado que hacía una labor para otros, cuando ha visto cómo el párvulo jugaba contento y feliz...

Finalmente, se valorará en común la actividad.

OTRAS VARIABLES IMPLICADAS. Creatividad e iniciativa.

9.3

NOMBRE DE LA ACTIVIDAD	DE LA COOPERACIÓN A LA AMISTAD SÓLO HAY UN PASO
TIPO DE ACTIVIDAD	*Específica.* *Tarea en casa.*
OBJETIVO	Identificar y clasificar tres tipos diferentes de comportamientos prosociales en los personajes del cuento leído.
SESIONES	2
LUGAR	Aula
ESTRUCTURA DE LA CLASE	Grupo de clase
MATERIAL	Cuento: «El pozo de Cascina Piana» (Rodari, Gianni: *Cuentos por teléfono*. Editorial Juventud, Barcelona, 1982), libretas y bolígrafo

DESARROLLO DE LA ACTIVIDAD:

Esta actividad, que debe realizarse en dos sesiones, tiene carácter de sensibilización cognitiva.

1.ª sesión

En primer lugar el profesor explicará brevemente la importancia de cada uno de los comportamientos que se tratan en esta variable, como favorecedores de un tipo de convivencia donde las personas puedan construir interacciones recíprocas de estima y amistad, que conduzcan hacia el establecimiento de verdaderas relaciones de unidad interpersonales e intergrupales.

Se leerá a continuación el cuento de «El pozo de Cascina Piana» de Gianni Rodari, y se pasará a comentar la actitud y el comportamiento de las mujeres del pueblo hacia el soldado que pide ayuda. El profesor pondrá de relieve el hecho de que los comportamientos prosociales exigen, antes de todo, tener la capacidad de darse cuenta de las necesidades de los demás (empatía), después dejar de lado los propios intereses (autocontrol y generosidad) y pasar a la acción (iniciativa) con los comportamientos adecuados (creatividad) de ayuda, colaboración, dar, compartir, etc., según el tipo de necesidad que el otro presenta.

Todo esto se puede resumir y expresar muy rápidamente con una consigna: «hacerse uno» con los demás, que es la mejor manera de crear verdaderas relaciones de amistad.

El profesor propondrá a los alumnos que durante toda la semana intenten recordar esta consigna, poniéndola en práctica con el mayor número de personas que encuentren, sin desanimarse si a veces no han quedado suficientemente satisfechos de ellos mismos, porque siempre se puede volver a empezar de nuevo, a pesar de que nos hayamos podido equivocar. Quedarán de acuerdo para explicarse en la próxima sesión algunas de las experiencias vividas al poner en práctica esta consigna.

2.ª sesión

Esta segunda sesión empezará con la puesta en común de las experiencias realizadas por los alumnos al poner en práctica la consigna de «hacerse uno». Se puede dejar un espacio de tiempo de 5 a 10 minutos, según el número de alumnos que quieran participar.

A continuación el profesor explicará a los alumnos que hay diferentes maneras de comportarse prosocialmente con los demás: asistencia física, servicio físico, compartir, asistencia verbal, consuelo verbal. Puede explicar brevemente cada uno de estos tipos de comportamiento y hacer un esquema con esta tipología de conductas en la pizarra.

Seguidamente se leerá nuevamente el cuento y entre todos irán adscribiendo el comportamiento de las diferentes mujeres a cada uno de los tipos de conducta explicados. Una vez hecho esto, el profesor pedirá a los alumnos que hagan lo mismo por escrito, pero refiriéndose ahora a los propios comportamientos que han sido objeto de la puesta en común inicial.

Para acabar, el profesor les propondrá una nueva consigna para poner en práctica durante la semana siguiente «hacerse amigos verdaderos», que supone un nuevo paso hacia un grado de interacción personal más continuado. Naturalmente, la amistad no es algo que pueda crearse artificialmente o por un propósito interesado. Se trataría pues de revisar las relaciones con aquellos que consideran «amigos suyos», y ver la manera de profundizarlas mediante los comportamientos que se han analizado hasta ahora.

OTRAS VARIABLES IMPLICADAS. Todas.

NOMBRE DE LA ACTIVIDAD	LET'S READ, DRAW, COOPERATE AND SHARE!
TIPO DE ACTIVIDAD	*Relacionada con las áreas de LENGUA EXTRANJERA: INGLÉS y EDUCACIÓN VISUAL Y PLÁSTICA.*
OBJETIVOS	- Reconocer en la lectura del cuento «The Giving Tree» los valores prosociales de generosidad, disposición desinteresada a la ayuda y a compartir, de solidaridad y de amistad fiel del árbol. - Cooperar en la confección de un cuento mural y/o de un montaje audiovisual.
SESIONES	6
LUGAR	Aula y sala de audiovisuales
ESTRUCTURA DE LA CLASE	Grupo de clase y grupos (según el momento de la actividad)
MATERIAL	Cuento (Silverstein, Shel: «The Giving Tree», Harper & Row Publishers, Nueva York, 1964), diccionario de inglés, cuaderno de inglés, bolígrafos, cartulinas, lápices de dibujo, goma, rotuladores, chinchetas o cinta adhesiva, máquina fotográfica, carrete de diapositivas, magnetófono, cinta virgen, cinta con música elegida, proyector de diapositivas

DESARROLLO DE LA ACTIVIDAD:

Como se ve, es ésta una actividad que ocupa bastante tiempo y que exige estrecha colaboración entre los profesores de inglés y educación visual y plástica, lo cual supone un reto para ellos a la hora de ser conjuntamente modelos de prosocialidad (desde el punto de vista de la cooperación) para los alumnos. Al mismo tiempo, por esta misma razón, esta actividad cuenta con una carga de efectividad prosocial muy elevada y resulta fuertemente motivadora para los alumnos.

En la temporalización se ha considerado que se pueden distribuir las horas de la siguiente manera: tres horas de inglés, tres de educación visual y plástica, sin tener en cuenta la proyección del montaje resultante ni la posible invitación a otras clases, etc.

Ante todo, como es lógico, los profesores de las áreas implicadas se han de poner de acuerdo para elegir el momento del curso en que realizar esta actividad. Han de tener bien claro cuáles son los objetivos a conseguir y la línea didáctica que seguirán. Pero, sobre todo, han de proponerse ser modelos de prosocialidad para los alumnos, siendo los primeros en estar dispuestos a cooperar, a compartir y a ayudar, sea entre ellos mismos como con los alumnos (en esto reside el 99 % del éxito de la actividad).

Cumplido este **requisito imprescindible**, el orden de las sesiones podría ser el siguiente:

1ª. El profesor de inglés propone a los alumnos la lectura conjunta en clase del cuento «The Giving Tree». Una vez leído (cada profesor puede seguir el sistema de lectura que considere más adecuado), aclarará posibles dificultades de comprensión del texto preguntando a los alumnos acerca de lo leído (según el nivel de los alumnos, estas preguntas pueden hacerse en inglés o no). Por ejemplo:

— **Did you like this story?**
— **How many characters are there in it?**
— **Do you think it's a real or an invented story? Why?**
— **Did the tree and the little boy love one another?**
— **Did the little boy always like playing with the tree?**
— **Did the tree always like playing with the little boy?**
— **What was the first thing the little boy wanted from the tree?**
— **Did the tree give it to him?**
— **What did the tree give to the boy then?**

— ¿Os ha gustado esta historia?
— ¿Cuántos personajes hay?
— ¿Os parece que es una historia real o inventada? ¿Por qué?
— ¿Se querían entre ellos el árbol y el niño?
— ¿Le gustaba siempre al niño jugar con el árbol?
— ¿Le gustaba siempre al árbol jugar con el niño?
— ¿Qué fué lo primero que el niño pidió al árbol?
— ¿Se lo dio el árbol?
— Entonces ¿qué fue lo que el árbol le dio?

2ª. En la siguiente clase de inglés, los alumnos traducirán al castellano el texto del cuento, a fin de lograr un conocimiento mejor del mismo y favorecer su identificación con los personajes.

3ª. Una vez los alumnos conocen a fondo el contenido del cuento, el profesor de educación visual y plástica les propondrá la realización de un cuento mural, para lo cual habrán de cooperar todos, dibujando cada uno en una cartulina una de las escenas del cuento.

Para ello, les mostrará detenidamente las ilustraciones utilizadas por el autor en el libro y los alumnos elegirán una de ellas, de tal manera que ninguna se repita y ninguna quede sin hacerse.

A fin de motivarles aún más, les propondrá la idea de la realización de un montaje audiovisual, por lo que se requiere que se esmeren al máximo en sus dibujos. Les dirá también que en ello colaborará el profesor de inglés, que se encargará junto con ellos de la grabación del texto del cuento y de la música de fondo, que uno de ellos habrá de buscar y proponer a la clase.

4ª. En la siguiente clase de educación visual y plástica, el profesor revisará los dibujos junto con los alumnos y, en caso necesario, encomendará a algún grupo que retoque los que precisen una mejora para que queden lo mejor posible (con el permiso de los respectivos autores y con su presencia activa en el grupo). Esto ayudará a que los dibujos sean considerados fruto del trabajo de toda la clase.

Otro grupo se encargará de escribir en letras suficientemente grandes el texto correspondiente a cada dibujo.

Mientras tanto, el mismo profesor de educación visual y plástica, o un alumno aficionado a la fotografía, fotografiará en diapositivas los dibujos que ya estén acabados, hasta que estén todos.

Al acabar de fotografiar los dibujos, un grupo de alumnos los colgará ordenadamente con su texto por las paredes de la clase, de manera que quede compuesto el cuento mural.

5ª. A estas alturas de la actividad, es muy posible que la motivación de los alumnos por el tema en cuestión sea bastante elevada. Puede ser el momento adecuado para que el profesor proponga en clase la discusión del cuento desde el punto de vista estrictamente prosocial.

En primer lugar, se puede volver a leer, esta vez traducido, y luego pasar a analizar los aspectos de generosidad, amistad, solidaridad, saber dar sin recibir, etc., que aparecen en el mismo.

Como en otras actividades de este tipo, el profesor recordará las normas de discusión en grupo: saber escuchar al otro, pedir la palabra, respetar lo que dicen los compañeros aun cuando no se esté de acuerdo, expresar la propia opinión abiertos a posibles cambios.

El profesor puede empezar el debate realizando algunas preguntas que ayuden a centrar el tema. Por ejemplo:

— ¿Qué opinas de la relación que había al principio entre el árbol y el niño?
— ¿Eran felices los dos? ¿Por qué?
— ¿Qué hizo cambiar la actitud del chico?
— ¿Cambió también la actitud del árbol?
— ¿Te parece que el chico abusaba de la generosidad del árbol?
— ¿Le importaba al árbol?
— ¿Te parece que valen más las cosas que quería el chico que la amistad?
— ¿Era feliz el chico con las cosas que obtenía? ¿Por qué?
— ¿Conoces a alguien que sea o haya sido muy generoso?
— ¿Te atreverías a imitar la generosidad y fidelidad en la amistad del árbol? ¿Cómo podrías hacerlo?

Al acabar el debate, el profesor reforzará verbalmente la actitud de colaboración de los alumnos en el mismo y en la actividad en general, y les exhortará a continuar haciéndolo siempre y a ampliarlo al mayor número de relaciones y ocasiones posibles: con los amigos del barrio, en sus familias, etc.

6ª. En la clase de inglés que se haya preestablecido, se procederá a la grabación del texto del cuento. Para ello, los alumnos habrán elegido a tres compañeros que realizarán los papeles del narrador, el árbol y el chico. También se habrá elegido la música que se pondrá de fondo.

El profesor insistirá en el carácter de cooperación de la actividad que se está realizando, más allá de la función que cada uno realice, pues sin la colaboración de todos y cada uno la actividad no se habría podido llevar adelante.

Una vez se cuente con las diapositivas reveladas y la grabación, los alumnos y los profesores implicados pueden escoger un día para ver juntos el montaje audiovisual. Sería muy bonito para los alumnos que los profesores, al acabar la proyección, les invitasen a un refresco, como felicitación por su labor y, sobre todo, como ejemplo de disposición de compartir.

Posteriormente, se puede invitar a otros cursos a presenciar el montaje y uno de los alumnos explicará a los compañeros invitados cómo ha sido el proceso de elaboración del mismo, con qué espíritu de colaboración se ha realizado y qué conclusiones han obtenido de esta actividad, invitándoles a su vez a unirse también ellos a esta relación de cooperación, ayuda y amistad. Siguiendo el ejemplo dado por los profesores, podría resultar muy motivador para todos que al acabar se obsequiase a los compañeros de otros cursos a un refresco, comprados con la aportación de toda la clase.

OTRAS VARIABLES IMPLICADAS. Todas.

9.5

NOMBRE DE LA ACTIVIDAD	REDACCIÓN PROSOCIAL
TIPO DE ACTIVIDAD	*Relacionada con el área de LENGUA.*
OBJETIVO	Realizar una redacción y explicar alguna escena observada por él mismo donde se haya dado alguna conducta de ayuda, cooperación, compartir, amistad, etc.
SESIONES	2
LUGAR	Clase
ESTRUCTURA DE LA CLASE	Grupo de clase. Trabajo individual y grupo de debate
MATERIAL	Libreta y bolígrafo

DESARROLLO DE LA ACTIVIDAD:

Esta actividad consta de dos sesiones. La primera, relacionada con el área de lengua, donde los alumnos realizarán las redacciones, y la segunda, específica, donde los alumnos leerán al resto de compañeros la propia redacción y se establecerá un debate sobre los aspectos resaltados en cada una de ellas.

En la primera sesión, el profesor de lengua propondrá a los alumnos que realicen una redacción donde deberán explicar algún hecho real, del que hayan sido testimonios, en el que alguna persona o grupo haya tenido una conducta prosocial de ayuda, cooperación, compartir, dar, etc.

La extensión de la redacción se deja al criterio del profesor, que tendrá en cuenta el nivel de su clase y de cada uno de sus alumnos.

Al acabar, el profesor de lengua recogerá las redacciones, para la eventual evaluación, y, posteriormente, las devolverá a los alumnos o al tutor de éstos para que se pueda realizar la segunda sesión de la actividad.

En la segunda sesión, los alumnos leerán las propias redacciones a los compañeros, y después de cada una se establecerá un pequeño debate para evaluar las conductas que éstos han observado y ver si efectivamente corresponden a conductas prosociales. El profesor limitará las propias intervenciones en los casos en que sea necesario moderar el debate o poner de relieve aspectos que, en cada redacción, hayan podido pasar inadvertidos a los otros alumnos dadas las diferentes perspectivas que muy posiblemente se darán.

OTRAS VARIABLES IMPLICADAS. Valoración positiva del comportamiento de los demás. Modelos prosociales reales y en la imagen. Prosocialidad colectiva y compleja.

NOMBRE DE LA ACTIVIDAD	TODO LO QUE SOY CAPAZ DE HACER Y OFRECER
TIPO DE ACTIVIDAD	*Específica.*
OBJETIVO	Elaborar una lista de todas aquellas cosas concretas en las que se es capaz de ayudar y colaborar, sea en clase, en la escuela en general, en casa, en el grupo de amigos, en el barrio o en el pueblo en general. Y también de todas las cosas de su propiedad que podría dar o compartir según las necesidades que se presenten.
SESIONES	1
LUGAR	Aula
ESTRUCTURA DE LA CLASE	Grupo de clase
MATERIAL	Libreta, bolígrafo, fotocopia (si conviene) de las situaciones concretas

DESARROLLO DE LA ACTIVIDAD:

El profesor presentará la actividad a los alumnos haciendo una breve introducción en la que ponga en evidencia que muchas veces no se tiene en cuenta a los niños y jóvenes a la hora de llevar a cabo ciertas tareas, mientras que es seguro que cada uno de ellos es capaz de hacer muchas cosas para colaborar y ayudar a los demás, o incluso disponen de algunas o muchas cosas que pueden dar o compartir con los otros.

A continuación los alumnos tendrán que rellenar una especie de cuestionario donde puedan expresar todas las situaciones o actividades —sea en la clase, en la escuela (en general o en determinados momentos, como fiestas escolares, excursiones...), en su casa, en los grupos a los que pertenezcan, etc.— en las cuales piensan que puedan colaborar con actividades concretas o poniendo a disposición de los demás algunas de sus pertenencias.

OTRAS VARIABLES IMPLICADAS. Dignidad y autoestima. Empatía. Asertividad.

9.7

NOMBRE DE LA ACTIVIDAD	¿PODEMOS COLABORAR MÁS EN EL CENTRO ESCOLAR?
TIPO DE ACTIVIDAD	*Específica.*
OBJETIVO	Conocer necesidades y elaborar un plan de acción.
SESIONES	1
LUGAR	Centro escolar
ESTRUCTURA DE LA CLASE	Grupos de cinco alumnos
MATERIAL	Hoja y bolígrafo. Cámara de vídeo

DESARROLLO DE LA ACTIVIDAD:

A partir de la actividad anterior, los alumnos repartidos en grupos de cinco entrevistarán a diversos componentes del centro escolar: director, conserje, cocinero, jardinero, etc., para conocer sus necesidades.

A continuación se elaborará un plan de acción.

Una vez en marcha, se puede realizar una filmación en vídeo como material exponente del centro escolar.

OTRAS VARIABLES IMPLICADAS. Dignidad. Creatividad e iniciativa. Empatía.

9.8

NOMBRE DE LA ACTIVIDAD	CÓMO MEJORAR TRES COSAS EN CASA
TIPO DE ACTIVIDAD	*Específica.* *Tarea en casa.*
OBJETIVO	Escoger tres cosas a hacer para colaborar o mejorar las relaciones familiares.
SESIONES	Una semana
LUGAR	Casa
ESTRUCTURA DE LA CLASE	Trabajo individual
MATERIAL	No es preciso material específico

DESARROLLO DE LA ACTIVIDAD:

A partir de la actividad 9.6, cada alumno escogerá tres cosas que cree que puede hacer en su casa para colaborar o para mejorar las relaciones de la familia.

Por ejemplo: cuidarse de niños más pequeños, ya sean hermanos o vecinos.

OTRAS VARIABLES IMPLICADAS. Dignidad. Creatividad e iniciativa. Empatía.

212

NOMBRE DE LA ACTIVIDAD	TODOS POR EL BARRIO
TIPO DE ACTIVIDAD	*Tarea en casa.* *Específica.*
OBJETIVO	Conocer necesidades del barrio y elaborar un plan de acción.
SESIONES	Una semana
LUGAR	Barrio
ESTRUCTURA DE LA CLASE	Grupos de cinco alumnos
MATERIAL	No es preciso material específico

DESARROLLO DE LA ACTIVIDAD:

A partir de la actividad «Todo lo que soy capaz de hacer y ofrecer», los alumnos se distribuirán por grupos de cinco y entrevistarán a diversas personas o instituciones significativas del barrio, del pueblo o de la ciudad, para conocer las verdaderas necesidades a las que se puede aportar alguna colaboración.

A partir de la información recogida, realizarán un plan de acción para llevarlo a la práctica.

OTRAS VARIABLES IMPLICADAS. Dignidad. Creatividad e iniciativa. Empatía.

NOMBRE DE LA ACTIVIDAD	TODOS PODEMOS HACER DE PROFESORES
TIPO DE ACTIVIDAD	*Específica.*
OBJETIVO	Ayudar a un compañero de un nivel inferior en las tareas de clase (lengua, matemáticas, educación visual y plástica, etc.).
SESIONES	Las sesiones que el profesor considere oportunas
LUGAR	Aula de los alumnos del nivel inferior que reciben la ayuda
ESTRUCTURA DE LA CLASE	Cada alumno se sentará al lado del compañero que debe ayudar
MATERIAL	Según la materia que se trabaje en el nivel inferior

DESARROLLO DE LA ACTIVIDAD:

Esta actividad supone un ejercicio excepcional para el aprendizaje de los comportamientos prosociales. El enseñar a los demás es una acción concreta que facilita la interiorización de este tipo de conductas de ayuda.

La presentación de la actividad a los alumnos deberá ser suficientemente atractiva para que la hagan con gusto y se consideren afortunados de tener la posibilidad de ayudar concretamente a sus compañeros. El profesor explicará que «ayudar» no quiere decir «sustituir» al otro en la tarea a hacer, sino simplemente orientarlo, corregirle, ofrecerle una visión desde fuera de él mismo.

Por su lado, el profesor los mostrará y hará sentir que su ayuda es realmente importante.

Para acabar, los alumnos podrán explicarse sus experiencias: las dificultades que han encontrado, el sentimiento de satisfacción que ayudar a los demás comporta, etc.

Esta actividad se podrá repetir a lo largo del curso con cierta frecuencia, siempre que los profesores de uno y otro grupo lo consideren oportuno.

OTRAS VARIABLES IMPLICADAS. Habilidades de relación interpersonal y social. Comunicación. Empatía.

NOMBRE DE LA ACTIVIDAD	VALORAR A LOS ABUELOS
TIPO DE ACTIVIDAD	*Específica.* *Tarea en casa.*
OBJETIVO	Saber escuchar a los abuelos en la explicación de anécdotas de acciones prosociales y valorarlos.
SESIONES	2
LUGAR	Casa de los abuelos y aula
ESTRUCTURA DE LA CLASE	Trabajo individual
MATERIAL	Papel y bolígrafo y, si se prefiere, magnetófono

DESARROLLO DE LA ACTIVIDAD:

Cada alumno mantendrá una conversación con sus abuelos con la finalidad de valorarlos, y les pedirá que le expliquen anécdotas de su juventud donde se desarrollen acciones de ayuda, cooperación, amistad, responsabilidad y cuidado de los otros.

De esta manera los abuelos se darán cuenta también de aspectos positivos de su pasado y al ver en el niño un interlocutor interesado por aspectos de su vida se propiciará un ambiente de comunicación y valoración positivo.

Una vez en el aula se hará una puesta en común de las distintas anécdotas y valorando el clima comunicativo que ha tenido lugar. El profesor hará hincapié en el hecho de que todas las personas son dignas de ser valoradas y a los abuelos hay que valorarles la fuente de experiencia tan rica que tienen.

OTRAS VARIABLES IMPLICADAS. Dignidad y autoestima. Comunicación. Valoración positiva del comportamiento de los demás.

9.12

NOMBRE DE LA ACTIVIDAD	AYUDAR A APRENDER
TIPO DE ACTIVIDAD	*Relacionada con cualquier área.*
OBJETIVO	Pedir ayuda cuando se necesita.
SESIONES	1
LUGAR	Aula
ESTRUCTURA DE LA CLASE	Parejas
MATERIAL	No es preciso material específico

DESARROLLO DE LA ACTIVIDAD:

Al iniciar el curso cada alumno escogerá un área o una actividad en la cual destaque. En el horario semanal se dedicará una hora de trabajo individual en la cual los alumnos con dudas y problemas con respecto a una asignatura podrán pedir ayuda a estos alumnos.

El profesor agradecerá en público las colaboraciones dadas y motivará a los alumnos para que esto suceda de forma espontánea y en cualquier momento.

OTRAS VARIABLES IMPLICADAS. Actitudes y habilidades de relación interpersonal.

9.13

NOMBRE DE LA ACTIVIDAD	POR UN MUNDO UNIDO
TIPO DE ACTIVIDAD	*Relacionada con las áreas de CIENCIAS SOCIALES y LENGUA.*
OBJETIVO	Establecer lazos de reciprocidad y mutuo conocimiento y valoración con alumnos de otros países.
SESIONES	Varias
LUGAR	Aula
ESTRUCTURA DE LA CLASE	Grupo de clase
MATERIAL	Hoja y bolígrafo, cartas y sellos

DESARROLLO DE LA ACTIVIDAD:

El profesor propondrá una serie de direcciones de centros escolares de otros países del mundo con los cuales los alumnos establecerán lazos de reciprocidad a partir de la correspondencia y del mutuo conocimiento y valoración de sus peculiaridades con el propósito de afianzar el respeto a la diversidad.

OTRAS VARIABLES IMPLICADAS. Iniciativa. Comunicación. Empatía.

NOMBRE DE LA ACTIVIDAD	BALONCESTO
TIPO DE ACTIVIDAD	*Relacionada con el área de EDUCACIÓN FÍSICA.* *Tarea en casa.*
OBJETIVO	Saber demostrar solidaridad delante de los errores de los otros y expresar palabras de ánimo.
SESIONES	1
LUGAR	Pista de baloncesto
ESTRUCTURA DE LA CLASE	Parejas
MATERIAL	Canasta y pelotas

DESARROLLO DE LA ACTIVIDAD:

Esta actividad tendrá dos partes correspondientes a los distintos lugares en donde se pueda aplicar:

A) En el patio del centro escolar.
B) En otro recinto deportivo y de juegos fuera del entorno escolar: barrio, club deportivo, etc.

Se entabla una competición entre grupos de dos alumnos en el deporte del baloncesto. El ganador será quien llegue a cuatro puntos con la condición de que los dos componentes del grupo anoten canasta. Otras condiciones serán: cuando un compañero falla se tiene que verbalizar una expresión de ánimo y al finalizar el juego el que gana, consuela, y el que pierde, felicita.

OTRAS VARIABLES IMPLICADAS. Empatía. Valoración de lo positivo en el comportamiento de los demás.

9.15

NOMBRE DE LA ACTIVIDAD	PISTA AMERICANA
TIPO DE ACTIVIDAD	*Relacionada con el área de EDUCACIÓN FÍSICA.*
OBJETIVOS	- Ayudar a los compañeros con menos capacidad o aptitudes físicas. - Cuidar el material deportivo.
SESIONES	1
LUGAR	Gimnasio o patio
ESTRUCTURA DE LA CLASE	Grupo de cuatro alumnos
MATERIAL	Cinco obstáculos (vallas, plinto, conos, ruedas y cuerdas)

DESARROLLO DE LA ACTIVIDAD:

Cada grupo de alumnos tendrá que pasar los cinco obstáculos con la condición de que los dos primeros que pasen tendrán que ayudar a sus compañeros de grupo. Cuando se haya acabado, tendrán que vigilar que los obstáculos estén en buenas condiciones para ser utilizados por el siguiente grupo.

OTRAS VARIABLES IMPLICADAS. Prosocialidad colectiva. Solidaridad.

9.16

NOMBRE DE LA ACTIVIDAD	EQUIPO DE AYUDA
TIPO DE ACTIVIDAD	*Relacionada con el área de EDUCACIÓN FÍSICA.*
OBJETIVO	Saber consolar, cooperar y ayudar a los otros cuando lo necesitan.
SESIONES	1
LUGAR	Gimnasio o patio
ESTRUCTURA DE LA CLASE	Grupo de cinco y el resto de la clase
MATERIAL	El habitual en la clase de educación física

DESARROLLO DE LA ACTIVIDAD:

Se hará un grupo de cinco alumnos, que será rotativo, que llevará a cabo las tareas de equipo de ayuda. Éstos tendrán que ayudar a sus compañeros cuando lo crean conveniente mientras realizan las actividades cotidianas de la clase de gimnasia.

Cada semana de entrenamiento habrá dos grupos de cinco a siete alumnos encargados de hacer las funciones del equipo de ayuda. Todos los alumnos tendrán que pasar por este equipo.

OTRAS VARIABLES IMPLICADAS. Empatía. Solidaridad. Prosocialidad colectiva.

NOMBRE DE LA ACTIVIDAD	EL REGALO
TIPO DE ACTIVIDAD	*Relacionada con el área de LENGUA.*
OBJETIVOS	- Reflexionar sobre las actitudes del aldeano y del caminante. - Ver si estas actitudes se dan hoy en día. - Relacionarlas con otras similares que podemos tener en el centro escolar.
SESIONES	2
LUGAR	Aula
ESTRUCTURA DE LA CLASE	Grupos de tres
MATERIAL	Hoja y bolígrafo

DESARROLLO DE LA ACTIVIDAD:

El profesor explicará o bien leerá en voz alta la siguiente narración:

Un anciano caminante se quedó en un bosque cercano a un pueblo y acampó debajo de un árbol con el próposito de pasar la noche. En plena oscuridad, pues era una noche sin estrellas ni luna, oyó una voz que gritaba:
—«¡La piedra!, ¡La piedra!, dame la piedra preciosa, caminante de Shuma».
El anciano se levantó y fue hacia el hombre que gritaba y le dijo:
—«¿Qué piedra deseas, hermano?».
—«La noche pasada —dijo el aldeano— tuve un sueño en el que el Señor de Shuma me dijo que si venía aquí esta noche encontraría a un caminante que me daría una piedra preciosa que me haría rico para siempre.»
El caminante fue a buscar su bolsa y le dio la piedra diciendo:
—«La encontré en un bosquecillo cerca del río; puedes quedarte con ella.»
El aldeano cogió la piedra y se marchó a su casa. Allí abrió su mano, contempló la piedra y... ¡era un diamante! No pudo dormir lo que restaba de noche, daba tantas vueltas en la cama como en su cabeza.
Se levantó con el alba. Volvió al mismo lugar donde había dejado al viejo caminante y le dijo:
«Dame, por favor, la riqueza que te permite desprenderte con tanta facilidad de un diamante como éste.»

Una vez hecha la lectura, se propone la participación de los alumnos a realizar cualquier comentario o reflexión a partir de esta historia. Es interesante que se tomen notas, ya que, posteriormente, cada grupo de trabajo intentará realizar un extracto de los actuales valores de nuestra sociedad.

En otra sesión comprobaremos si hay puntos de vista coincidentes entre los grupos y dialogaremos sobre ellos.

También sería interesante confeccionar un proyecto de una hipotética escala de valores ideal para nosotros. Una manera de dejar constancia es realizar un mural o cartelera y que quede en el aula durante un tiempo.

OTRAS VARIABLES IMPLICADAS. Dignidad. Valoración de lo positivo en el comportamiento de los demás. Expresión de sentimientos.

9.18

NOMBRE DE LA ACTIVIDAD	FIESTA DE CONVIVENCIA DE LOS JÓVENES Y LAS PERSONAS MÁS MAYORES
TIPO DE ACTIVIDAD	*Específica.*
OBJETIVO	Valorar la importancia de la convivencia con la gente mayor de la población o barrio.
SESIONES	3
LUGAR	Centro de la tercera edad
ESTRUCTURA DE LA CLASE	Libre, ya que es una actividad festiva
MATERIAL	No es preciso material específico

DESARROLLO DE LA ACTIVIDAD:

La Junta Directiva del centro escolar juntamente con la Dirección del centro de la tercera edad más próximo convocan una fiesta-reunión, el motivo de la cual es que haya un espacio de convivencia para que los chicos y chicas puedan explicar a los más mayores sus inquietudes y también el motivo de sus trabajos en el centro escolar relacionados con la convivencia.

Además, algunos jóvenes prepararán una pequeña representación de una comedia teatral en la que también intervengan miembros del centro de la tercera edad.

Finalmente, se los invita a una fiesta que esta vez se celebrará en el recinto escolar.

OTRAS VARIABLES IMPLICADAS. Actitudes y habilidades de relación interpersonal. Dignidad. Comunicación y expresión de sentimientos.

NOMBRE DE LA ACTIVIDAD	EL AMIGO INVISIBLE
TIPO DE ACTIVIDAD	*Tarea en casa.* *Específica.*
OBJETIVO	Preparar un regalo para un compañero de curso con ayuda de la familia.
SESIONES	2
LUGAR	Casa y aula
ESTRUCTURA DE LA CLASE	Individual y gran grupo
MATERIAL	El necesario para construir el regalo

DESARROLLO DE LA ACTIVIDAD:

El profesor propondrá un juego en el cual se escribirá el nombre de todos los alumnos en un papel que se doblará y pondrá en una caja.

Cada alumno sacará un papel con un nombre y éste será su amigo.

Durante unos días, cada uno tendrá que procurar que su amigo esté atendido, ayudándole, pero siempre sin que el otro se dé cuenta ni se sienta demasiado atosigado.

Paralelamente, en casa y ayudado por su familia, cada alumno construirá un regalo para su amigo y, en el día señalado, se realizará el intercambio de regalos.

El amigo se llama «invisible» porque todas sus acciones tienen que ser anónimas.

OTRAS VARIABLES IMPLICADAS. Creatividad e iniciativa. Empatía.

NOMBRE DE LA ACTIVIDAD	EXPOSICIÓN: «DE CASA AL MUNDO»
TIPO DE ACTIVIDAD	*Tarea en casa.* *Relacionada con las áreas de CIENCIAS SOCIALES y EDUCACIÓN VISUAL Y PLÁSTICA.*
OBJETIVO	Recoger material para montar una exposición que haga referencia a otros mundos diferentes del suyo.
SESIONES	2
LUGAR	Casa y sala de exposiciones
ESTRUCTURA DE LA CLASE	Individual y gran grupo
MATERIAL	El necesario para hacer una exposición: libros de información, murales, fotografías, materiales de los distintos pueblos.

DESARROLLO DE LA ACTIVIDAD:

Esta actividad constará de dos partes:

A) Una vez que el profesor haya planteado la actividad de montar una exposición que hable de otros mundos diferentes al nuestro, propondrá que cada alumno ayudado por su familia recoja el máximo de material posible.

B) Una vez en el aula se trabajará el material aportado por cada alumno, reflexionando sobre él para motivar los contenidos prosociales de sensibilidad hacia otros mundos que pueda suscitar. Seguidamente, se organizará en murales para dar forma a la exposición.

Esta exposición podrá ser visitada por otros cursos y por los familiares.

OTRAS VARIABLES IMPLICADAS. Todas.

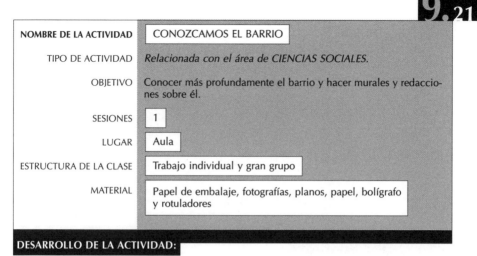

NOMBRE DE LA ACTIVIDAD	CONOZCAMOS EL BARRIO
TIPO DE ACTIVIDAD	*Relacionada con el área de CIENCIAS SOCIALES.*
OBJETIVO	Conocer más profundamente el barrio y hacer murales y redacciones sobre él.
SESIONES	1
LUGAR	Aula
ESTRUCTURA DE LA CLASE	Trabajo individual y gran grupo
MATERIAL	Papel de embalaje, fotografías, planos, papel, bolígrafo y rotuladores

DESARROLLO DE LA ACTIVIDAD:

Desde el área de ciencias sociales se iniciará un estudio en profundidad del barrio, en el cual los alumnos tendrán que recoger la máxima información posible de él: ubicación de distintas dependencias y servicios en planos, distribución de calles, comunicaciones, relación del barrio con otros, relación del barrio con el conjunto de la ciudad o pueblo, etc.

Se trabajarán gráficos de población, de incidencia o no del paro, etc.

Con el material informativo recogido se elaborarán murales expositivos y cada alumno hará una redacción en la que también haga constar su papel dentro del barrio, desde la perspectiva de: «¿qué puedo hacer para mejorarlo?».

OTRAS VARIABLES IMPLICADAS. Empatía. Creatividad e iniciativa.

9.22

NOMBRE DE LA ACTIVIDAD	FIESTA DE CONCLUSIÓN DEL PROGRAMA PROSOCIAL
TIPO DE ACTIVIDAD	*Específica.* *Relacionada con todas las áreas.* *Tarea en casa.*
OBJETIVO	Concluir los aprendizajes hechos en el tema de la prosocialidad mediante la realización de murales, álbumes de trabajo y acto conjunto con las familias.
ESTRUCTURA DE LA CLASE	Individual y grupo de clase
MATERIAL	El necesario para organizar una fiesta, para hacer murales expositivos nuevos y los trabajos realizados anteriormente, así como material de filmación

DESARROLLO DE LA ACTIVIDAD:

Esta actividad como conclusión del programa consta de tres apartados:

A) Se filmará un reportaje en vídeo durante una asamblea de los alumnos del curso en la que expresarán sus opiniones acerca de lo que han aprendido y cómo lo han conseguido respecto del programa prosocial. La filmación puede continuar con entrevistas individuales a los mismos alumnos. Para terminar se podrían reproducir frases creadas durante la aplicación del programa.

B) Los alumnos recogerán en murales y álbumes de trabajo todo el material elaborado durante la aplicación del programa prosocial.

C) Se organizará un «acto festivo conjunto familia-escuela», donde se presentará el vídeo y el resto de material recogido y elaborado a tal fin, evidentemente con la participación de las familias que podrán expresar su opinión sobre su implicación en el programa desde casa.

Este acto pondrá punto final al programa en el curso, recordando que las actitudes creadas no tienen punto y final, sino que tienen que continuar más allá del programa escolar.

OTRAS VARIABLES IMPLICADAS. Todas.

PROSOCIALIDAD COLECTIVA Y COMPLEJA

Afrontar dificultades sociales. La desobediencia civil. La denuncia social. La no violencia.

OBJETIVO

Iniciar a los alumnos en una comprensión de la complejidad de las acciones humanas, y de las posibilidades de las actuaciones colectivas prosociales, incluyendo sus formas críticas.

ASPECTOS A TRABAJAR

— Prosocialidad de un grupo hacia otro
— La solidaridad.
— Afrontar dificultades e injusticias sociales.
— La denuncia social.
— La desobediencia civil.
— La no violencia.
— Tercer y Cuarto Mundos.

FUNDAMENTOS DE ESTA VARIABLE

Lo estructural, lo social proporciona al individuo el marco de referencia en el que éste se modela, se conforma, se socializa.

Es innegable la existencia de una prosocialidad colectiva, es decir, aquellas acciones prosociales puntuales de unos grupos, comunidades o países hacia otros o aquellas características continuadas de determinados colectivos que los hacen distinguirse por esta cualidad.

La existencia de estos modelos colectivos de convivencia social nos permite focalizar, estudiar, los intercambios positivos entre grupos y así ayudar a incrementar, gracias al enorme poder de los modelos en el aprendizaje, conductas grupales prosociales, y a incrementar la identidad positiva de tales grupos.

Las acciones prosociales, tanto interpersonales como intergrupales, están envueltas, frecuentemente, de complejidad. Por ejemplo: la ayuda en un sentido puede suponer desayuda si no perjucio a otros en la cadena de repercusiones sucesivas.

Para que la complejidad percibida no genere caos, será precisa una capacidad psíquica de integración a la unidad (sin eliminar la diferencia y la diversidad) sólo posible de resolver en el interior de la propia personalidad.

Actitud y habilidad para la que habrá que formar y educar vitalmente.

Un modelo colectivo prosocial muy claro puede ser el propio contexto educativo presente en los centros escolares.

Los modelos prosociales son un factor importante para el favorecimiento de la aparición de los comportamientos prosociales; así pues, en el conjunto o claustro de profesores tendrían que predominar no sólo los modelos personales sino modelos hechos de relaciones prosociales entre ellos.

Todo ello involucrando al máximo esta autoimplicación no sólo de cada profesor en particular sino de todos los que constituyen el claustro, asumiendo también las relaciones entre ellos no sólo interpersonales sino estructurales e institucionales.

NOMBRE DE LA ACTIVIDAD	LECTURA DE NOTICIAS DEL TERCER MUNDO
TIPO DE ACTIVIDAD	*Relacionada con el área de LENGUA.* *Específica.*
OBJETIVO	Recoger y analizar sistemáticamente noticias del Tercer Mundo.
SESIONES	Una mensual
LUGAR	Aula
ESTRUCTURA DE LA CLASE	Grupos de cinco alumnos y grupo de clase
MATERIAL	Boletines editados por ONG

DESARROLLO DE LA ACTIVIDAD:

El profesor propondrá hacer una recogida sistemática de noticias referentes al Tercer Mundo en los boletines que editan las ONG, como por ejemplo «Actualidad Norte-Sur», redactado por 15 ONG, con el fin de intentar penetrar en la complejidad de las situaciones de pobreza y valorando las posibles soluciones prosociales que se pudieran derivar.

Periódicamente, se hará un debate para analizar las diferentes noticias recogidas.

Cada vez será un grupo de alumnos diferente el que presentará las noticias, moderará el debate y, si es necesario, aportará más datos para ampliar la noticia.

OTRAS VARIABLES IMPLICADAS. Revelación de sentimientos. Creatividad e iniciativa.

10.2

NOMBRE DE LA ACTIVIDAD	PELÍCULAS PARA LA NO VIOLENCIA
TIPO DE ACTIVIDAD	*Específica.*
OBJETIVO	Valorar la utilización de la no violencia como vía de solución de conflictos, a través del visionado de películas adecuadas.
SESIONES	2
LUGAR	Aula y sala de proyección
ESTRUCTURA DE LA CLASE	Grupo de clase
MATERIAL	Películas referentes al tema

DESARROLLO DE LA ACTIVIDAD:

A través del visionado de determinadas películas, en las cuales se muestren temas candentes de implicación mundial, donde prevalezca la no violencia o la desobediencia civil, valorar las causas reales y complejas de las problemáticas tratadas.

Se propone ver: *Gandhi, Gritos de libertad* (Apartheid en Sudáfrica).

Posteriormente, se puede hacer un trabajo comparativo con otras películas donde el denominador de base es la violencia y tratar de encontrar entre todos otras vías de solución prosociales a los conflictos planteados, que dejen de lado totalmente a la violencia.

OTRAS VARIABLES IMPLICADAS. Dignidad. Creatividad.

NOMBRE DE LA ACTIVIDAD	FUNDAMENTOS DE LA CONVIVENCIA
TIPO DE ACTIVIDAD	*Relacionada con el área de CIENCIAS SOCIALES.*
OBJETIVOS	- Reconocer la necesidad de los valores prosociales para posibilitar y optimizar la convivencia social. - Escribir qué responsabilidades deben asumir en cada uno de los grupos sociales a que pertenecen.
SESIONES	2
LUGAR	Aula
ESTRUCTURA DE LA CLASE	Grupo de clase
MATERIAL	Constitución española, cuaderno y bolígrafo

DESARROLLO DE LA ACTIVIDAD:

En la primera sesión, el profesor empezará presentando a los alumnos el objetivo de la actividad. Luego, se leerán en clase los artículos 9 y 10 de la Constitución española.

Al acabar la lectura, hará a los alumnos un pequeño cuadro resumen en la pizarra, en el que distinguirá los fundamentos éticos y los fundamentos jurídicos y políticos (explicando que éstos están al servicio de los primeros):

A) Fundamentos éticos:
— respeto a la vida
— diálogo
— amistad
— aceptación de los demás

B) Fundamentos jurídicos y políticos:
— Constitución
— Parlamento y Senado
— Tribunales de Justicia
— partidos políticos
— organismos públicos

Con la ayuda del cuadro, el profesor explicará a los alumnos la necesidad que tenemos las personas de organizarnos socialmente para poder sobrevivir y la imprescindible aportación de cada uno para facilitar y mejorar la convivencia en todos los niveles sociales y básicamente en la familia como primer núcleo social.

Después de explicar sintética y brevemente cuál es el cometido que desempeña cada una de las instituciones para el funcionamiento del Estado, hará ver que existe una tendencia mundial a la unidad internacional (puede nombrar, o pedir a los alumnos que lo hagan, algunos organismos internacionales: ONU, UNESCO, FAO, CEE, OEA) y que los hombres se dan cuenta de que ésta es fundamental, incluso para garantizar la supervivencia del planeta (problemas ecológicos que trascienden niveles locales o nacionales: deforestación, «agujero» de la capa de ozono, contaminación de los mares).

Seguidamente, puede abrir un debate en el que los alumnos intervengan manifestando sus opiniones sobre lo explicado y aportando ideas de posibles actuaciones que, según su parecer, ayudarían a mejorar las condiciones de convivencia sobre la Tierra.

En la segunda sesión, el profesor retomará el hilo de la sesión precedente, para la cual puede ser de utilidad leer algunos textos como los propuestos al final de esta ficha.

A continuación «aterrizará» en los grupos que resultan más cercanos a la vida cotidiana de los alumnos (familia, vecinos, clubes juveniles o deportivos, clase, centro escolar) y les pedirá que escriban en sus cuadernos cada uno de los grupos sociales a que pertenecen con una calificación de 0 a 10, según el clima de cooperación, ayuda, solidaridad, etc., que encuentran en cada uno de ellos, y las posibles acciones que personalmente pueden realizar para mejorarlos.

Posteriomente, se hará una puesta en común de lo que cada uno ha escrito.

Podría resultar muy interesante fijar otro momento en que los alumnos se contasen cómo les ha ido la puesta en práctica de las acciones que cada uno se había propuesto y, en particular, revisar el funcionamiento del grupo clase.

OTRAS VARIABLES IMPLICADAS. Todas.

SUGERENCIA DE TEXTOS

«La vista de la Tierra desde la Luna me fascinaba... Resultaba difícil creer que aquella cosita contuviera tantos problemas, tantas frustraciones. Los rabiosos intereses nacionalistas, el hambre, la guerra, la enfermedad, no parecían visibles a esa distancia. Estoy convencido de que algún extraño ser, perdido en una nave espacial, podría mirar la Tierra sin saber jamás que estaba habitada, pero el mismo ser extraño, si hubiera intuido que aquella Tierra estaba habitada, ¿qué hubiera pensado de sus moradores? Hubiera pensado que los destinos de los que en ella vivieran estarían inevitablemente entrelazados y unidos.» (Capitán Borman, Astronauta del Apolo VIII)

«Todos los individuos y grupos intermedios tienen el deber de prestar su colaboración personal al bien común. Donde se sigue la conclusión fundamental de que todos ellos han de acomodar sus intereses a las necesidades de los demás y la de que deben dirigir sus prestaciones en bienes o servicios al fin que los gobernantes han establecido, según normas de justicia y respetando los procedimientos y límites fijados para el gobierno. Los gobernantes, por tanto,

deben dictar aquellas disposiciones que, además de su perfección formal jurídica, se ordenen por entero al bien de la comunidad o puedan conducir a él.»
(Juan XXIII: *Pacem in terris*, n.º 53)

«¿Estamos hoy situados ante un hecho primordial? Si la civilización está llamada a sobrevivir, debemos cultivar la ciencia de las relaciones humanas, la capacidad de todos los pueblos, de todas las razas, de vivir juntos y de trabajar en común en un mismo mundo y en paz.»
(Roosevelt, Franklin)

«Mi nacimiento no me vincula a un único rincón. El mundo entero es mi patria.»
(Séneca, Lucio Anneo: *Diccionario de sabiduría*, Aguilar, Madrid, 1963)

«Hacer fraternizar no solamente a algunos pueblos, sino a todos los pueblos... ¿Quién no ve la necesidad de llegar así progresivamente a instaurar una autoridad mundial que pueda actuar eficazmente en el terreno jurídico y en el de la política?»
(Pablo VI: *Populorum progressio*, n.º 78)

«Desde la India hasta Francia, el sol no ve más que una familia inmensa que debería regirse por las leyes del amor..., todos somos hermanos.».
(Voltaire: *Diccionario de sabiduría*, pág. 457, Aguilar, Madrid, 1963)

«La división actual del mundo, en países ricos y países pobres, es más grave y, en definitiva, más explosiva que la división del mundo según las ideologías... La pobreza, las epidemias, el hambre, el analfabetismo no sólo insultan la dignidad humana, sino que amenazan la estabilidad de los gobiernos, exarcebando las tensiones y comprometiendo la paz internacional.»
(U'Thant, Ex-secretario General de la ONU)

«Penetraron ladrones en una aldea y no dejaron vivos más que a dos hombres; ciego era el uno y paralítico el otro. El ciego cargó con el paralítico, y éste indicó el camino al ciego, pudiendo los dos salvarse. Las contrariedades de la vida se hacen más ligeras cuando los hombres se ayudan mutuamente.»
(Chou-King: *Diccionario de sabiduría*, pág. 460, Aguilar, Madrid, 1963)

«El hombre no puede, por sí solo, sino muy poca cosa; es un Robinson abandonado; sólo en comunidad con los demás es poderoso.»
(Schopenhauer: *Diccionario de sabiduría*, pág. 458, Aguilar, Madrid, 1963)

«La dicha perfecta indica la solidaridad.»
(Hugo, Víctor)

10.4

NOMBRE DE LA ACTIVIDAD	CONSTRUYAMOS LA PAZ ENTRE MI GRUPO Y EL TUYO
TIPO DE ACTIVIDAD	*Específica.* *Relacionada con el área de LENGUA.*
OBJETIVO	Resolver un conflicto simulado entre dos grupos por vías no violentas.
SESIONES	2
LUGAR	Aula
ESTRUCTURA DE LA CLASE	Trabajo individual y puesta en común
MATERIAL	No es preciso material específico

DESARROLLO DE LA ACTIVIDAD:

El profesor planteará el siguiente dilema:

«En el caso de que generase un conflicto con otro grupo de alumnos del centro, valorar soluciones no violentas.»

Para llevar a cabo esta actividad se propondrá realizar una redacción en la que cada alumno simulará la existencia de un conflicto con otro grupo. Después de una cierta reflexión, tratará de describir cómo lo resolvería.

En la siguiente sesión cada alumno leerá su redacción para que entre todos se puedan valorar las diferentes maneras de resolver un conflicto sin tener que recurrir en ningún caso a la violencia o al enfrentamiento no resuelto.

OTRAS VARIABLES IMPLICADAS. Creatividad.

NOMBRE DE LA ACTIVIDAD	¿QUÉ ACCIONES PROSOCIALES COLECTIVAS HAS VIVIDO?
TIPO DE ACTIVIDAD	*Específica.* *Tarea en casa.*
OBJETIVO	Entrevistar a familiares sobre acciones prosociales vividas.
SESIONES	1
LUGAR	Casa
ESTRUCTURA DE LA CLASE	Trabajo individual
MATERIAL	Guión de la entrevista y bolígrafo

DESARROLLO DE LA ACTIVIDAD:

Se preparará una entrevista-tipo a familiares sobre situaciones que los entrevistados hubieran vivido, en donde se dio alguna gran acción prosocial colectiva.

En el aula se comentarán los resultados recogidos por cada alumno.

OTRAS VARIABLES IMPLICADAS. Todas.

NOMBRE DE LA ACTIVIDAD	LA ISLA
TIPO DE ACTIVIDAD	*Específica.*
OBJETIVO	Observar la prosocialidad que existe en una situación de cooperación.
SESIONES	1
LUGAR	Aula
ESTRUCTURA DE LA CLASE	Grupos pequeños
MATERIAL	Hojas de papel y bolígrafo

DESARROLLO DE LA ACTIVIDAD:

Los alumnos organizados en pequeños grupos se tienen que imaginar que están solos en una isla desierta. Tienen que escribir la manera cómo se organizarían (reglas, líderes, etc.).

Pueden hacer un dibujo, entre todos, representativo de esta situación.

Esto sirve al profesor para observar si están presentes o no las diversas formas de prosocialidad e incidir en ello.

OTRAS VARIABLES IMPLICADAS. Todas.

NOMBRE DE LA ACTIVIDAD	PERDIDOS EN LA LUNA
TIPO DE ACTIVIDAD	*Específica.*
OBJETIVO	Llegar a un acuerdo, en grupos de tres o cuatro, sobre el orden de prioridad que adjudicarán a los diferentes objetos que poseen para tratar de sobrevivir en la Luna.
SESIONES	1
LUGAR	Aula
ESTRUCTURA DE LA CLASE	Grupo de clase y pequeños grupos
MATERIAL	Ficha de instrucciones y bolígrafo

DESARROLLO DE LA ACTIVIDAD:

Esta actividad está basada en un conocido ejercicio de dinámica grupal. A los alumnos se les explica que son los tripulantes de una nave espacial que debe realizar un alunizaje forzoso y cae a una considerable distancia de la base. Para lograr sobrevivir y alcanzar dicha base, deben acarrear con ellos algunos de los objetos y materiales que se han salvado del accidente, debiendo seleccionar los que consideren más importantes, ya que deberán acarrearlos por sí mismos. Se puede proponer directamente la resolución en grupo de tres o cuatro alumnos o una solución individual previa, para de esta manera propiciar la reflexión personal antes de entrar en discusión y, además, comparar la solución personal con la encontrada en conjunto que, normalmente, resultará más beneficiosa.

Es importante recalcar en los alumnos que la solución deseable deberá pasar por el consenso más que por una decisión de mayoría, pues de la primera forma se obtendrá siempre algún grado de satisfacción en todos, mientras que en la segunda habrá quien no quede en absoluto satisfecho, aunque sea una minoría.

Asimismo se insistirá en que expongan y dejen exponer los puntos de vista de cada uno con atención y respeto.

OTRAS VARIABLES IMPLICADAS. Actitudes y habilidades de relación interpersonal. Creatividad e iniciativa. Asertividad.

ALUNIZAJE FORZOSO
— INSTRUCCIONES —

Están en una nave espacial que tiene que reunirse con la nave nodriza en la superficie iluminada de la Luna. A causa de dificultades técnicas la nave aterrizó a 300 km de la nave nodriza.

Durante el alunizaje se ha destruido gran parte del equipamiento.

La supervivencia depende de conseguir llegar a la nave nodriza, para lo que sólo se puede llevar lo más imprescindible. Los 15 artículos que han quedado a salvo son los que siguen. Se debe tratar de ordenarlos por orden de importancia, del 1 al 15, para poder llegar al punto de encuentro:

* Una caja de cerillas (15, no hay oxígeno)
* Una lata de comida concentrada (4, se puede vivir algún tiempo sin comida)
* 20 m de cuerda de nailon (6, para ayudarse en terreno irregular)
* 30 m^2 de seda de paracaídas (8, acarrear, protegerse del sol)
* Un aparato portátil de calefacción (13, la cara iluminada de la Luna está caliente)
* Dos pistolas del 45 (11, útiles para propulsión)
* Una lata de leche en polvo (12, necesita agua)
* Dos bombonas de oxígeno de 50 l (1, no hay aire en la Luna)
* Un mapa estelar de las constelaciones lunares (3, necesario para orientarse)
* Un bote neumático con botellas de CO_2 (9, para llevar cosas o protegerse y las botellas para propulsión)
* Una brújula magnética (14, no hay el campo magnético terrestre)
* 20 l de agua (2, no se puede vivir sin agua)
* Bengalas de señales (arden en el vacío) (10, útiles a muy corta distancia)
* Un maletín de primeros auxilios con jeringas para inyecciones (7, el botiquín puede ser necesario, las agujas son inútiles)
* Un receptor y emisor de FM accionado con energía solar (5, comunicar con la nave)

(Entre paréntesis se da la respuesta más correcta y la explicación, sólo para el director de la actividad.)

10.8

NOMBRE DE LA ACTIVIDAD	COOPERAR MEJOR QUE COMPETIR
TIPO DE ACTIVIDAD	*Relacionada con el área de CIENCIAS SOCIALES.* *Tarea en casa.*
OBJETIVO	Escribir por grupos cosas que se han conseguido gracias a la colaboración entre las personas, países u organizaciones.
SESIONES	1
LUGAR	Aula
ESTRUCTURA DE LA CLASE	Grupo de clase y grupos de cinco alumnos
MATERIAL	Hoja y bolígrafo

DESARROLLO DE LA ACTIVIDAD:

El profesor realizará una pequeña introducción al tema hablando de los aspectos positivos de la cooperación de los humanos y de las cosas que se consiguen gracias a la colaboración de todos. Por ejemplo, hacer un gran rompecabezas entre todos los alumnos del centro escolar, la construcción de pozos en zonas del Tercer Mundo, etc.

Después, los alumnos pensarán solos y con ayuda de su familia cosas que se han logrado gracias a la colaboración entre las personas, entre los países o bien asociaciones, entidades, organizaciones, etc.

Finalmente, los portavoces de cada grupo expondrán sus conclusiones y se abrirá un pequeño debate para discutir sobre todos los temas expuestos y, con ayuda del profesor, se puede ver el lado contrario a la colaboración.

Por ejemplo, uno de los grupos ha mencionado el papel de Greenpeace en la lucha por la conservación del medio natural y de las diferentes especies animales. Se les puede preguntar qué ocurriría si no hubiese gente que se preocupase por el medio donde vivimos. Y se podría llegar a conclusiones como:

— Ya no habrían ballenas en los mares.

— El mar estaría más contaminado.

— La gente echaría más basura al mar.

OTRAS VARIABLES IMPLICADAS. Ayuda. Cooperación. Comunicación.

NOMBRE DE LA ACTIVIDAD	¿NUESTRO CLAUSTRO ES PROSOCIAL? ¿SIRVE ESTE PROGRAMA PROSOCIAL A NUESTRAS RELACIONES?
TIPO DE ACTIVIDAD	*Específica.*
OBJETIVO	Reflexionar sobre el nivel de prosocialidad que se da en el centro escolar, sobre todo en las interacciones de los profesores.
SESIONES	2
LUGAR	Sala de reuniones
ESTRUCTURA DE LA CLASE	Claustro de profesores
MATERIAL	Hoja y bolígrafo

DESARROLLO DE LA ACTIVIDAD:

Esta actividad va destinada a todos los profesores del centro escolar para reflexionar sobre el nivel de prosocialidad que se da, sobre todo en las interacciones de los mismos profesores, etc.

Se podría hacer una primera fase por escrito, de forma quizás anónima, en base a los siguientes puntos:

1. Mejoras experimentadas en el centro escolar y en la relación entre compañeros (profesores).

Sólo si se escriben algunas mejoras, puede pasarse al siguiente punto:

2. Aspectos todavía por resolver desde la prosocialidad.

Finalmente se hace un debate ordenado en el que haya un moderador escogido previamente por todos, y que trate de evitar que se pase a la denuncia personalizada.

OTRAS VARIABLES IMPLICADAS. Todas.

NOMBRE DE LA ACTIVIDAD	NUESTRA FAMILIA, ¿ES PROSOCIAL?
TIPO DE ACTIVIDAD	*Específica.* *Tarea en casa.*
OBJETIVO	Comentar con la familia cómo ésta se relaciona de manera prosocial.
SESIONES	1
LUGAR	Casa
ESTRUCTURA DE LA CLASE	Trabajo individual
MATERIAL	No es preciso material específico

DESARROLLO DE LA ACTIVIDAD:

Cada alumno pide a su familia poder reunirse para comentar abiertamente sobre cómo se relaciona la familia con otras familias o grupos.

Se debe prestar una especial atención a aquello que tenga carácter de ayuda, solidaridad, etc.

OTRAS VARIABLES IMPLICADAS. Todas.

BIBLIOGRAFÍA

AMELA, V., «En el patio del colegio de mis compañeros», *Magazine. La Vanguardia.* 25 de febrero de 1996

EL PAÍS, «El tercer mundo gitano». 14 de febrero de 1988

ENDE, M., *Momo*. Madrid. Alfaguara (1985)

GARCÍA, A., MARTÍNEZ, M., ROCHE, R., «La prosocialitat i Catalunya» 1.er Premio de Civismo «Serra i Moret». 1988. Generalitat de Catalunya. Bibliotecas de la Universitat Autònoma de Barcelona.

GOLEMAN, D., *Inteligencia emocional*, Barcelona. Editorial Kairos, 1996.

LENCZ, L., «The Slovak Ethical Education Project», *Cambridge Journal of Education,* Vol. 24, n.º 3. 443-451, 1994.

ROCHE, R., «Etická Vychova», Orbis Pictus Istropolitana. Bratislava, 1992.

ROCHE, R., «L'home, violent?» Tribuna de la Pau. Girona. *Punt Diari.* 7 de octubre de 1986.

ROCHE, R., «Psicología y educación para la prosocialidad», Col. Ciencia y Técnica. Universitat Autònoma de Barcelona, 1995.

ROCHE, R., «Violencia y Prosocialidad: un programa para el descondicionamiento frente a la violencia en la imagen y para la educación de los comportamientos prosociales». En: *¿Qué Miras?*. Publicaciones de la Generalitat Valenciana. Valencia. Págs. 291-313, 1991.

ROCHE, R., BLESA, C. E., MIRETE, R., PALOMAR, M., «Inventario de comportamientos prosociales en el contexto escolar». Bellaterra. Departament de Psicologia de l'Educació. Universitat Autònoma de Barcelona, 1993.

ROCHE, R., BUQUERA, M., FALQUÉS, M., «Inventario de comportamientos prosociales en un campamento de verano». Bellaterra. Departament de Psicologia de l'Educació. Universitat Autònoma de Barcelona, 1996.

ROCHE, R., CULLELL, I., FERRER, C., «Inventario de comportamientos prosociales en el ámbito deportivo: Club de Básquet». Bellaterra. Departament de Psicologia de l'Educació. Universitat Autònoma de Barcelona, 1995.

ROCHE, R., GARCÍA, A., «La prosocialitat. Elements d'estudi, intervenció i projecció». Informe conclusivo presentado a la C.I.R.I.T. Generalitat de Catalunya, 1985.

ROCHE, R., GARCÍA, A., «Pla per a la Aplicació de la Prosocialitat a la Educació a Catalunya -P.A.P.E.C.-». En solicitud Ayuda a la Investigación (C.I.R.I.T.). Barcelona.

RODARI, G., «El pozo de Cascina Piana» *Cuentos por teléfono*. Barcelona. Editorial Juventud, 1982.

SILVERSTEIN, S., «The Giving Tree», Nueva York, Harper & Row Publishers, 1964.

STRAYER, F., WAREING, S., RUSHTON, J., «Social constraints on naturally occurring preschool altruism», *Ethology and Sociobiology*. I. 3-11, 1979.

TAUSCH, R., «Perdonar es humano». (Entrevista por Schmid S.), Madrid. *Ciudad Nueva*. n.º 318. Febrero de 1996.

ZAHN-WAXLER, C., RADKE-YAROW, M., KING, R., «Child rearing and children's prosocial initiations toward victims of distress». *Child Dev.* 50 (2). 319-330, 1979.